Anton Rotzetter

Mach's wie Gott, werde Kind

W0188112

Anton Rotzetter

Mach's wie Gott, werde Kind

Weihnachten verwirklichen

Herder
Freiburg · Basel · Wien

Umschlagbild:
© Sieger Köder, Betlehem-Efrata, Wasseralfinger Altar

Alle Rechte vorbehalten – Printed in Germany
© Verlag Herder Freiburg im Breisgau 1993
Satz: Druckerei Stückle, Ettenheim
Druck und Einband: Freiburger Graphische Betriebe 1993
ISBN 3-451-23197-2

Inhalt

Vorwort

Wie in meinem Osterbuch „Gottes Leidenschaft ist Liebe" (Verlag Herder 1990) haben die
hier zusammengefaßten Texte ihren Ursprung
im Gottesdienst: in Predigt, Meditation und Gebet. Und ich hoffe, daß sie dahin auch wieder zu-
rückfließen.
Gerne anerkenne ich, daß der Titel an Franz
Kamphaus und sein eingängiges Motto „Macht's
wie Gott und werdet Mensch!" erinnert. Ich war
damals davon wie elektrisiert, weil es eine Saite
in mir selbst zum Schwingen brachte. Ähnlich
hatte ich schon gepredigt, und ähnlich auch
schon formuliert. Das zeigt, daß weder Franz
Kamphaus noch ich solche Formulierungen für
uns reklamieren können. Wir sind in dem, was
wir verkündigen, der Kirche und dem Evangelium verpflichtet.
Das Motto, unter dem dieses Buch seinen Weg
zum Leser sucht, geht allerdings noch einen
Schritt weiter. Es setzt „Kind" an die Stelle von
„Mensch". In vielen Predigten und Meditationen
kreise ich um das Kind von Betlehem, um das
Kind in uns. Ich erinnere daran, daß auch Jesus
selbst dieses Kindwerden in den Mittelpunkt seiner Verkündigung gestellt hat: „Wenn ihr nicht
werdet wie die Kinder, könnt ihr nicht in das
Himmelreich kommen" (Mt 18,3). Gleich da-

nach steht der Satz: „Wer sich so demütigt wie dieses Kind, der ist im Himmelreich der Größte" (18, 4). Nun ist das Sichverdemütigen, die Selbstentäußerung, nach der Bibel (vgl. Phil 2) zunächst eine Eigenschaft Gottes: Er entleert sich seines Gottseins und wird Mensch, wird Kind. So hat denn der Satz vom Kindwerden seine eigentliche Wahrheit im Kindwerden Gottes selbst: Jesus ist, weil er als Gottessohn ein Kind wurde, der Größte im Himmelreich!

Daran sollen wir also Maß nehmen: alle Überheblichkeit soll schwinden, jedes Gesetztsein über andere freiwillig aufgegeben werden; die „Karriere nach unten", zu den Kleinen und Schwachen, den Armen und Elenden kann zum Lebensinhalt werden; das „Kindwerden" im Sinne von Einfachheit, Ursprünglichkeit und Unverzwecktheit des Lebens wird zum inneren Moment der Menschwerdung Gottes und der Menschen.

Gleichzeitig mit diesem Buch erscheinen im Paulus-Verlag, Freiburg/Schweiz, Weihnachtslegenden und -texte von Elisabeth Bernet, die ebenso wie ich dem biblischen Denken verpflichtet ist. An einer Stelle des Buches, zu dem ich eine größere Einführung geschrieben habe, schreibt sie: „Wärest du klein, mein Gott, könnte ich dich wiegen in meinen Armen ... Mach dich klein, mein Gott." Es ist immerzu das Kleine, das Kind, das unsere Zärtlichkeit in besonderer Weise hervorruft und aus dem Glauben an Gott Liebe zu Gott macht!

Am 20. März 1993 hat Papst Johannes Paul II. den Franziskanertheologen Duns Skotus (1265 bis 1308) seliggesprochen. Keiner hat die Theologie der Menschwerdung und den Gott der Liebe so sehr in den Mittelpunkt gestellt wie er: Weil Gott Liebe ist, will er außerhalb seiner selbst Mitliebende, eine Schöpfung, die in einem vielfältigen Beziehungsgeflecht durch Liebe geprägt ist. Und mitten drin das Geschöpf, das mit Gott in dieser Liebe konkurrieren kann, weil es gleichzeitig Gott ist: Jesus von Nazaret, das Kind in der Krippe, der Mensch, der sich hingibt! Mach's wie Gott!

Altdorf, Juni 1993

Anton Rotzetter OFMCap.

ERSTER TEIL

Erwartung und Kommen

Herr,
komme wieder
und werde Mensch
auf dieser armen Erde.

Herr, erbarme dich ...

Herr,
komme wieder
und werde Mensch
in allen Ländern,
die nur das Elend kennen.

Herr, erbarme dich ...

Herr,
komme und zünde die Lichter an,
die unsere Selbstsucht ausgelöscht hat.
Streue Hoffnung aus auf den vertrockneten
    Feldern.

Herr, erbarme dich ...

Herr,
komme und bezwinge die Hochmütigen,
mache sie fähig,
die andern in die Arme zu nehmen.

Herr, erbarme dich ...

Herr,
komme wieder
und werde Mensch
auf dieser armen Erde.

Text in Anlehnung an das Gebet des Pedro Jorge da Cruz,
das in den brasilianischen Basisgemeinden gesungen wird.

O Heiland, reiß die Himmel auf

Jetzt tönt es wieder aus allen Lautsprechern: „Stille Nacht", in allen Kaufhäusern, schon Wochen vor dem Fest! Der Advent ist zu einem langandauernden Weihnachten geworden. Der Advent selbst ist fast überall gestorben.

Advent ist etwas anderes als Weihnachten. Sollte es sein! Advent ist eine Zeit der Sehnsucht, nicht der Erfüllung; eine Zeit des Wartens, nicht der Begegnung; Erfahrung der Unerlöstheit, nicht der Freiheit; ein Schreien, nicht ein Jubelgesang. Advent will uns die Wirklichkeit zu Bewußtsein bringen, nicht eine heile Welt vorgaukeln. Wie ist, so müssen wir besonders im Advent fragen, diese Wirklichkeit? In welcher Welt leben wir denn eigentlich?

Krieg, Not, Elend! Was können wir schon tun? Dazu Aids, Krebs, viel Krankheit und Tod. Hilflos stehen wir daneben. Und der dumme, hemdsärmelige Nationalismus, der laut schreit und die Fäuste gegen die anderen schleudert. Und Ausländer tötet. Und wir können nichts tun.

Dann die bösen Aussichten: Überbevölkerung, Klimakatastrophe, Arbeitslosigkeit ... Wir können nichts machen oder kaum etwas! Wir fühlen uns hilflos, ohnmächtig, gefangen. Unsere Wirklichkeit ist zum Gefängnis geworden, aus dem wir mit eigenen Kräften nicht ausbrechen können.

Und so gibt es auch noch andere Adventssymbole als Kranz, Kerze und Wurzel. Nämlich die verschlossene Tür, und wir dahinter, die hinaus wollen, die frei sein wollen, die ein erfülltes Leben haben möchten und Friede und Gerechtigkeit für die ganze Welt. Oder der Riegel, das Brecheisen. Oder die Fessel, die Kette.

Nochmals: Wir sind ohnmächtig, können nichts tun, sind gefesselt, in Ketten gebunden. Da will kein Säuseln über die Lippen kommen, sondern ein Schrei! Die eigentlichen Adventslieder sind denn auch oft ein einziger Schrei.

> O Heiland, reiß die Himmel auf.
> Brich Schloß und Riegel, tritt hervor.
>
> Den Tau vom Himmel gieß.
> Ihr Wolken, brecht und regnet aus
> den Heiland.
> Hier leiden wir die größte Not,
> ach, komm, führ uns mit starker Hand
> vom Elend zu dem Vaterland.
>
> O Heiland, reiß die Himmel auf.
> Brich Schloß und Riegel, tritt hervor.

Leben in der Erwartung

In der Kontemplation geht unser Geist in das himmlische Jerusalem über, auf das hin die Kirche gebildet ist.
Die irdische Kirche muß der himmlischen gleichgestaltet werden, die Pilger den Seligen, soweit das auf Erden nur möglich ist.

In der Herrlichkeit des Himmels gibt es eine drei-
fache Gabe. In ihr besteht die Vollkommenheit
der Verheißung, nämlich:
die ewige Erfahrung höchsten Friedens,
die offene Schau der höchsten Wahrheit,
der volle Genuß der höchsten Güte, der Liebe.
Darum muß derjenige, der wirklich zu jener Se-
ligkeit gelangen will, eine Annäherung an diese
drei Wirklichkeiten anstreben, soweit es ihm
nur möglich ist. So wird er die Ruhe des Friedens,
den Glanz der Wahrheit und den Duft der Liebe
haben. In diesen dreien ruht Gott selbst. Er sitzt
auf ihnen gleichsam auf seinem eigenen Thron.

Bonaventura, Der dreifache Weg

Wo immer wir hinschauen, trifft unser Auge
auf Vorläufiges. Auch die Kirche ist eine vorläufige Größe. Sie ist ein Weg, nicht das Ziel! Ein
Weg, der oft steinig ist und manchmal auch ver-
barrikadiert. Darum muß sie als Ganzes – und
in ihr jeder einzelne – in der Erwartung leben,
im Advent. Der Advent ist der eigentliche Ort
der Kirche, die Erwartung die eigentliche Grund-
haltung des Glaubens.
Der heilige Bonaventura, der die franziskanische
Lebensform sprachlich zu fassen versucht, ist
sich dessen wohl bewußt. Es ist eine Notwendig-
keit, ein inneres Gesetz der Kirche, daß sie über
sich hinauswachsen muß. Der eigentliche Ort,
an dem das geschieht, ist die Kontemplation. Advent und christliche Erwartung haben also nichts
zu tun mit Stillstehen, Sitzen und mit ver-
schränkten Armen Zusehen, wie die Dinge vor-

beirollen. Erwartung ist für Bonaventura höchste Aktivität, Advent ganzheitliches Engagement.
In drei Bereichen sollte Advent sich ereignen, bzw. eine Annäherung an den Himmel sich realisieren.

1. Im Bereich des Friedens

Bonaventura versteht hier Frieden zwar ein wenig anders als wir. Für ihn ist es der Zustand der inneren Zufriedenheit und Versöhnung mit sich selbst, wie er in der Kontemplation als Geschenk Gottes erfahren werden kann. Aber warum soll dieser Zustand nicht seine Übersetzung auf die Ebene der Beziehungen, in den sozialen und politischen Bereich finden? Advent heißt demnach: die Erfahrung des Friedens suchen und machen. Dann ereignet sich der Übergang in die Wirklichkeit Gottes, den Himmel.

2. Im Bereich der Wahrheit

Für Bonaventura ist Wahrheit die Wirklichkeit, wie sie von Gott her besteht. Sie ist nicht ein System von Gedanken oder ein Gebäude von theoretischen Sätzen und Dogmen, sondern die Wahrheit, die sich in der Schöpfung und in Jesus Christus ausspricht. Advent heißt demnach: die Wahrheit suchen und sich zum Antlitz Jesu vortasten. Dann geht das Vorläufige in das Endgültige über. Jetzt schon, auf Erden.

3. Im Bereich der Güte und der Liebe

Für Bonaventura reicht diese Güte und Liebe in eine solche Tiefe, daß von einem neuen Menschen gesprochen werden muß. Dieser ist nicht einfach hie und da gut und lieb, sondern grundsätzlich und in reinster Spontaneität. Advent heißt demnach: bedingungslose Liebe und überfließende Güte zu realisieren suchen. Dann wird die Erde zum Himmel.

Erwartung ist also mit Erfahrung und mit Tat innerlich verbunden. Wo die Kontemplation die dreifache Erfahrung des Friedens, der Wahrheit, der Güte vermittelt, realisiert sich das Endgültige.

Worauf sich stützen?

Jesaja 7, 10 – 14

Worauf sich stützen? Woran sich halten? Was gibt unserem Leben Sicherheit? Die Frage ist so alt wie die Menschen!

Der folgende Text aus dem Alten Testament, der auf diese Frage eingeht, ist etwa 3000 Jahre alt. Und er enthält eine Ungeheuerlichkeit, eine Zumutung, die zunächst dem König Ahas, dann aber auch uns heutigen Menschen gilt.

„In jenen Tagen
    sprach der Herr zu Ahas – dem König von Juda;
er sagte:

Erbitte dir vom Herrn, deinem Gott, ein Zeichen,
sei es von unten, aus der Unterwelt,
oder von oben, aus der Höhe.

Ahas antwortete:
Ich will um nichts bitten
und den Herrn nicht auf die Probe stellen.

Da sagte Jesaja:
Hört her, ihr vom Haus David!
Genügt es euch nicht, Menschen zu belästigen?
Müßt ihr auch noch meinen Gott belästigen?
Darum wird euch der Herr von sich aus ein Zeichen geben:
Seht, die Jungfrau wird ein Kind empfangen,
sie wird einen Sohn gebären,
und sie wird ihm den Namen Immanuel
– Gott mit uns – geben" (Jesaja 7, 10 – 14).

Worum geht es? Da stürmen zwei verschiedene Heere auf den Nachfolger des Königs David ein, von der einen Seite eine Armee aus Assyrien, von der anderen eine aus Syrien. Da gebietet die politische Vernunft, die Diplomatie in Gang zu setzen und sich mit einer der beiden Armeen zu arrangieren, um so, möglicherweise sogar im Bündnis mit ihr, gegen die andere in den Krieg ziehen zu können. Vernünftig ist das, mehr als vernünftig.
Doch das Vernünftige ist nicht immer das Richtige, meint der Prophet Jesaja. Stillhalten, abwarten, auf Gott bauen, mit seiner Hilfe rechnen, ist seine Devise. Auf diese Weise bringt er gegen

eine scheinbar vernünftige und kluge Politik den Anspruch des Glaubens zur Geltung. Er fordert vom König Ahas nichts weniger als den Glauben im Bereich der Politik!

Was heißt glauben?

Glauben? Was heißt glauben? Beim Lesen der Bibelübersetzung des großen jüdischen Gelehrten Martin Buber ist mir aufgefallen, daß er dort, wo wir „glauben" sagen, „sicher werden an Gott" einsetzt.

Sicher werden an Gott! Glauben hat also etwas zu tun mit dem Sicherheitsbedürfnis des Menschen. Wir sind von Grund auf gefährdet, bedroht. Wir können das Leben verlieren, müssen sterben, und alles, was auf uns einstürmt, verlangt von uns, daß wir uns abschirmen, verteidigen, schützen. Doch, so will es die biblische Tradition, unser Sicherheitsbedürfnis wird letztlich nur von Gott befriedigt. Alles andere ist trügerisch, kann fehlgehen. Das heißt nicht, daß wir nicht entsprechende Maßnahmen treffen sollen, sondern daß wir diese relativieren, von Gott her noch einmal befragen sollen.

Wir können und sollen uns vernünftigerweise nicht auf die Vernunft allein stützen, weil sie nicht alle Faktoren überblickt, die für unseren Schutz notwendig sind.

Wir können und sollen uns vernünftigerweise nicht allein auf unsere eigenen Mittel stützen, auf Rosse und Wagen, auf Raketen und Flugzeuge, auf Geld und Geltung. Unsere Mittel können versagen, wir können sie falsch einschätzen und können die falschen wählen. Wir können und sollen uns vernünftigerweise auch nicht auf fremde Hilfe allein stützen, auf Bündnispartner und Allianzen, weil auch diese unter Umständen das gegebene Wort brechen.

Gott allein ist unsere Burg, sagt der Psalmist. So singen wir mit Martin Luther. An Gott allein können wir wirklichen Halt und letzte Sicherheit finden, sagt die Bibel. Nur eine solche Vernunft, die mit Gott rechnet, ist wirkliche Vernunft, nur eine solche Politik, die sich letztlich von Gott her versteht, ist wirkliche Politik.

Ahas jedoch vertraut nur sich selber und seiner eigenen Vernunft. Und ich meine, daß wir ihn sehr gut verstehen, weil wir auch so sind, daß wir unsere Sicherheit nicht aus der Hand geben wollen. Wer ist schon dieser Gott?

Der Prophet Jesaja will Ahas eine Brücke bauen. „Verlang doch ein Zeichen, daß Gott deine Sicherheit ist, ein Zeichen dafür, daß das Königtum Davids den Ansturm der Feinde übersteht!" Doch Ahas will kein Zeichen. Von einem Gott, an den man nicht richtig glaubt, kann man vernünftigerweise auch kein Zeichen erwarten.

Das Zeichen zu lesen verstehen

Aber Gott will sich zeigen, er will sich offenbaren, er will nicht nur Worte machen, sondern Geschichte. Er will der absolut vertrauenswürdige Partner in unserem Handeln sein. Darum soll die junge Frau des Königs Ahas einen Thronfolger bekommen, ein Kind, das das Weiterbestehen des Reiches anzeigt, ein Zeichen, daß Gott wirklich da ist, Immanuel, Gott mit uns! Ob der König Ahas das Zeichen zu lesen wußte? Es ist zu bezweifeln, nach allem, was wir von ihm wissen. Zu lesen wußten dieses Zeichen allerdings die ersten Christen. Sie haben in Jesus von Nazaret, dem „Sohn der Jungfrau", das Zeichen schlechthin gesehen, das untrügliche Zeichen, daß Gott auf unserer Seite ist, Mensch unter Menschen, unser Bruder, eben ein uns zugewandter und solidarischer Gott, Gott mit uns.

Leider ist der Ausdruck „Jungfrau" in die Schlagzeilen geraten. Ich bin der Meinung, daß sich sowohl jene, die die biologische Jungfernschaft verteidigen, wie jene, die sie ebenso hartnäckig leugnen, auf der gleichen materialistischen Ebene bewegen. Es geht doch um etwas ganz anderes, darum nämlich, daß „Gott allein" unsere Hoffnung ist; nicht das eheliche Zeugen und Empfangen, nicht das Wollen des Mannes und nicht die Hingabe der Frau. Das alles ist ebensowenig außer Kraft gesetzt wie eine vernünftige Politik oder der vernünftige Gebrauch menschlicher Argumente und Mittel. Sie werden relativiert: Gott allein ist derjenige, auf den wir uns stützen. Demgegenüber ist jede Diskussion über bloß biologische Fragen banal.

Worauf es ankommt, ist Jesus Christus. Sein Leben ist ein Zeichen, das gelesen und gedeutet werden muß: darin zeigt sich von seiner Geburt (Mt 1, 23) bis zu seinem Tod, und danach immer dann, wenn sich zwei oder drei in seinem Namen versammeln (Mt 18, 20), ja sogar bis ans Ende der Welt, daß Gott mit uns ist (vgl. Mt 28, 20) und daß wir uns auf ihn verlassen dürfen! Also auch heute noch!

Die Wirklichkeit aufdecken

Ich kenne einen Menschen, der lebt seit dreißig Jahren in einer bodenlosen Depression, in einer großen Nacht. Ich möchte für ihn und für alle, deren Geist und Seele umnachtet sind, ein wenig Licht machen, indem ich eine Kerze anzünde. –
Ich sehe mit einer Mischung von Sorge und Zorn, von Wut und Ohnmacht auf das ehemalige Jugoslawien: Ein Volk, viele Völker müssen durch eine große Nacht von Haß und Gewalt. Und ich möchte ein Licht hineintragen in diese Nacht und zünde eine zweite Kerze an. –
Ich sehe mit Angst auf die Ausweglosigkeit, in der die ganze Welt sich befindet: Das Ozonloch wird immer größer, die Wälder werden immer kränker, das Elend ganzer Kontinente immer unerträglicher, wir müssen durch eine große Nacht. Und ich möchte für unsere Welt ein Licht anzünden.
Was das soll, werden viele fragen. Ich tue das, weil ich mich nicht zufriedengebe mit dem, was uns allen ins Auge springt. Die Wirklichkeit ist größer und weiter, als wir oft meinen. Und wenn ich eine Kerze anzünde, dann sprenge ich die Grenzen der Wirklichkeit. Ich übe mich ein in

eine neue, andere Welt – oder besser gesagt: in die Welt, wie sie wirklich ist.

Und wie ist die Welt wirklich?

Die Welt, in der wir leben, ist aus einem Lichtblitz entstanden, und sie besteht heute noch zum weitaus größten Teil aus Strahlung, aus Licht. Die Sonne macht unsere Tage hell, die Sterne leuchten am Himmel, und auch die Erde erscheint für die Weltraumfahrer wie eine Lichtkugel. „Die Mitte aller Mitten ist das Licht", sagt darum der Astronom Bulander, der zum Maler wurde.

Es hat also Sinn, in dieser Zeit Kerzen anzuzünden. Wir bringen auf diese Weise das Licht zur Geltung, das noch viel mehr zu der Wirklichkeit gehört, die wir sehen, als das Dunkle. Wir bleiben nicht einfach in den tausend Nächten gefangen, die es auch gibt, wir üben uns ein in die Welt des Lichtes.

Man kann auf ganz verschiedene Weise das Licht zur Geltung bringen: das Symbol, eben eine Kerze anzünden, ist die eine Weise. Aber auch jedes gute Wort, das ich einem Menschen sage, jede Hand, die ich jemandem auf die Schulter lege, jede Kritik, die ich übe an der Welt, an der Kirche, an der Gesellschaft, wie sie nun einmal sind, jedes Engagement für Frieden, Gerechtigkeit und Bewahrung der Schöpfung bringt das Licht zur Geltung.

Noch etwas ergibt sich aus einem solchen Verständnis von Wirklichkeit: Ich darf nicht vorschnell sagen: dies oder das sei unmöglich. Wenn das Licht der weitaus größte Anteil der Wirklich-

keit ist, dann gibt es auch viel mehr Möglichkeiten. Ich kann träumen, hoffen, mich sehnen, die
Phantasie beflügeln und plötzlich neue Möglichkeiten sehen: Lösungen, Auswege, Taten. Wir
können die Wirklichkeit aufdecken, das Licht
zur Geltung bringen. Denn: „Die Mitte aller Mitten ist das Licht!"

Warten

Mit der heilen Welt ist nichts!
Zu viel Tod, Schmerz, Angst und Weinen!

Und doch will jeder eine bessere Welt.
Und niemand ist, der nicht wartet auf den Tag,

da jede Träne abgewischt
und alle Knechtschaft weggefegt wird,

da er innerlich zufrieden, glücklich,
froh und frei leben kann,

da niemand mehr leiden und sterben muß
und keiner mehr bangt um sein Glück,

da die ganze Welt voll Lachen ist
und voll Licht.

Für Christen hat das alles einen Namen
und ein Gesicht:
Jesus von Nazaret.
Letztlich warten wir auf ihn.

Wir warten das ganze Jahr,
besonders aber in der Zeit des Advents.

Wir haben diese Zeit nötig,
weil wir uns verlieren könnten im Unwesent-
lichen, Oberflächlichen, Momentanen,
in Hetze, Aktivismus und Zerstreuung.

Darum gehen wir von Zeit zu Zeit Wege,
die nach innen führen und zum Wesentlichen.
Die Natur unterstützt uns:

> Draußen wird es kälter.
> Schon früh wird es Nacht.
> Wir schätzen unsere Stube.

> Wir folgen den Lockungen nach innen.
> Wir schaffen einen Raum der Besinnung.
> Wir pflegen unser Zusammensein.
> Wir warten gemeinsam auf den Tag der Er-
> lösung.

Dabei kann man erprobte Wege gehen oder auch
neue.

Man kann:
- sich um den Adventskranz versammeln, an
  dem sich das Licht von Woche zu Woche
  mehrt – gleichsam als Zeichen, daß wir mehr
  Licht sehen in unserem Leben und mehr Licht
  werden für die Menschen;
- einen grünen Zweig in die Wohnung tragen –
  als Bote einer anderen Welt, in der die Menschen in Frieden leben dürfen;
- einen dürren und einen grünen Ast nebenein-
  ander hängen – zur ständigen Erinnerung an
  das, was wir jetzt sind und was wir einst sein
  werden;

- eine Wurzel aus dem Wald holen und allmählich zur Krippe ausbauen – weil auch die Geburt des neuen Menschen in unserer Geschichte wurzelt;
- an einem Kirschbaumzweig das Knospen und Blühen erleben – gleichsam als Sinnbild für das Wachsen und Werden einer neuen Welt;
- mit Kindern die Spannung am Adventskalender miterleben;
- gute Musik hören, um die Heimat und die Geborgenheit zu erleben, der wir entgegengehen;
- ein geeignetes Buch miteinander lesen.

Wichtig ist:
- daß das Warten auch das Warten der ganzen Welt miterlebt (Mission, Entwicklungshilfe, Gastfreundschaft, Geschenke);
- daß man sich der Weihnachtsindustrie soweit wie möglich entzieht;
- daß man sich Bescheidenheit im Schenken zulegt. Je mehr wir von uns selbst in ein Geschenk hineinbegeben, um so persönlicher ist es.

Advent ist wichtig! Nicht nur, weil er zu den schönsten Kindheitserinnerungen gehört, sondern weil wir ihn brauchen als Gegenpol zur Hetze des modernen Lebens.

ZWEITER TEIL

Heute ist euch der Retter geboren

In jenen Tagen erließ Kaiser Augustus den Befehl, alle Bewohner des Reiches in Steuerlisten einzutragen ... Da ging jeder in seine Stadt, um sich eintragen zu lassen. So zog auch Josef von der Stadt Nazaret in Galiläa hinauf nach Judäa in die Stadt Davids, die Betlehem heißt ... Als sie dort waren, kam für Maria die Zeit ihrer Niederkunft, und sie gebar ihren Sohn, den Erstgeborenen. Sie wickelte ihn in Windeln und legte ihn in eine Krippe, weil in der Herberge kein Platz für sie war.

In jener Gegend lagerten Hirten auf freiem Feld und hielten Nachtwache bei ihrer Herde. Da trat der Engel des Herrn zu ihnen, und der Glanz des Herrn umstrahlte sie. Sie fürchteten sich sehr, der Engel aber sagte zu ihnen: Fürchtet euch nicht, denn ich verkünde euch eine große Freude, die dem ganzen Volk zuteil werden soll: Heute ist euch in der Stadt Davids der Retter geboren; er ist der Messias, der Herr. Und das soll euch als Zeichen dienen: Ihr werdet ein Kind finden, das, in Windeln gewickelt, in einer Krippe liegt.

Und plötzlich war bei dem Engel ein großes himmlisches Heer, das Gott lobte und sprach:

Verherrlicht ist Gott in der Höhe, und auf Erden ist Friede bei den Menschen seiner Gnade.

Als die Engel sie verlassen hatten und in den Himmel zurückgekehrt waren, sagten die Hirten zueinander: Kommt, wir gehen nach Betlehem, um das Ereignis zu sehen, das uns der Herr verkünden ließ. So eilten sie hin und fanden Maria und Josef und das Kind, das in der Krippe lag. Als sie es sahen, erzählten sie, was ihnen über dieses Kind gesagt worden war. Und alle, die es hörten, staunten über die Worte der Hirten. Lukasevangelium 2, 1 – 18

I

Umgepolte Welt

Eine neue Perspektive

Es kommt darauf an, von welcher Voraussetzung aus man unsere Welt versteht und deutet. Denn was uns in der Mitte der Nacht erzählt wird, das ist doch eine ganz und gar alltägliche Geschichte: eine Familie, für die man in der Stadt keinen Platz haben will; ein Kind, das in einem Stall geboren wird. Wirklich eine ganz und gar alltägliche Geschichte, leider! – und nichts ist dabei, was Anlaß gäbe, sie aus den tausend anderen alltäglichen Geschichten besonders hervorzuheben.

Gottes Geschichte

Um die Weihnachtsgeschichte wirklich zu begreifen, müßten wir erzählen von den vielen Jugendlichen, die in Telefonkabinen, Bahnhofsunterführungen übernachten müssen, von den vielen Tausend, die in Asylantenheimen und Auffangzentren zusammengedrängt sind, von den Millionen von Menschen, die in der ganzen Welt ohne Obdach und Heimat leben.
Die Weihnachtsgeschichte selbst gibt aus sich

heraus nichts Göttliches her, sie enthält die Deutung nicht aus sich selbst heraus, sie wird zusätzlich und nachher von Engeln gedeutet, Gott selbst muß uns die Weihnachtsgeschichte deuten. Die Hirten bekommen durch die Engel eine neue Perspektive, sie werden in die Lage versetzt, die harte Geschichte unserer Welt mit den Augen Gottes anzuschauen: Diese harte Wirklichkeit ist Gottes Geschichte und er selber mittendrin, nicht draußen, er selbst ist auf der Seite der Opfer, der Ausgestoßenen. Und darum muß man ihn nicht über den Wolken, sondern im Stall suchen, nicht in der Höhe des Himmels, sondern im mühevollen Alltag des menschlichen Lebens.

Hier nun setzt der letzte Abschnitt der Weihnachtsgeschichte ein, der damit beginnt, daß die Engel in den Himmel zurückkehren und die Hirten zueinander sagen: „Kommt, wir gehen nach Betlehem." Und da ist es nun wichtig zu sehen, wie die Hirten mit dieser neuen Perspektive umgehen, was sie mit dieser Deutung machen: Sie reden davon, erzählen und sprechen, sie verkünden und teilen mit. Es wimmelt in diesem kurzen Abschnitt des Lukasevangeliums (2, 15 – 20) nur so von Worten des Sagens und Deutens: die Hirten *sagten* zueinander – ein Ereignis, das uns der Herr *verkünden ließ* – als sie es sahen, *erzählten* sie, was ihnen über dieses Kind *gesagt worden war*. Und alle, die es hörten, staunten über die *Worte der Hirten*.

Es ist das Wort, das uns zusammenbindet, es ist die deutende Sprache, die uns Kraft und Glauben schenkt, es ist die Verkündigung, welche uns neue Augen schenkt, es sind Geschichten, die wir einander erzählen, die uns stark machen und die schließlich die Welt verändern.

Es sind ja nicht einfach erfundene Geschichten, sondern wahre alltägliche Geschichten, die wir erzählen, Ereignisse, die sich in Betlehem, in Steinhausen, Mölln usw. ereignen. Der Evangelist Lukas setzt ganz deutlich den Akzent darauf: es geht um ein historisches, wirkliches Ereignis, um etwas, das passiert ist: um das Kind in der Krippe, es geht um das, was man sehen kann, um das, was hier und dort geschieht.

Wir erzählen die Geschichte mit der Deutung, welche die Hirten empfangen haben: das Kind in der Krippe ist der Sohn Gottes – wer ihm etwas antut, trifft damit Gott selbst; im Asylantenheim von Steinhausen wohnt der Immanuel, wer es überfällt, der schlägt Gott; die getöteten Türkenkinder von Mölln stehen mit Gott in einem so unmittelbaren Verhältnis, daß Gott selbst stirbt; das brennende Wohnheim für Asylanten ist der brennende Tempel Gottes selbst. Das ist also die Deutung, welche der Glaube der Wirklichkeit gibt.

Sich verändernde Wirklichkeit

Wenn wir die alltäglichen Geschichten aus der Perspektive der Engel sehen und unter der Voraussetzung der Hirten erzählen, dann kommt allerdings etwas in Bewegung, dann verändert sich die Wirklichkeit, dann können wir nicht mehr apathisch abseits stehen, dann müssen wir entsprechend handeln, dann kommt wirklich eine ganz andere Welt in Sicht, die Welt Gottes selbst – dann bricht das Geheimnis Gottes auf inmitten unseres Alltags, dann spüren wir, daß das Kind in der Krippe tatsächlich die Rettung ist, Friede für alle Menschen und der wahre Gottesdienst.

Nur: Wir müssen halt begreifen, daß die harte Geschichte eine so göttliche Perspektive enthält. Und darum ist das dritte wichtig, was Lukas im heutigen Abschnitt betont: Wir müssen feiernd, betend, glaubend und meditierend in diese göttliche Perspektive hineinwachsen. Wir müssen *eilen – finden – sehen – hören – staunen – im Herzen bewahren – darüber nachdenken – Gott rühmen.*

Das sind die Worte, die Lukas auslegt, um uns in die Haltung des Glaubens einzuführen. Die Hirten, ganz einfache, schlichte, ungebildete Menschen, und Maria, die kleine Frau, gehen uns darin voraus, sie zeigen uns, wie man in den Glauben hineinwächst, sind die Vorbilder des Glaubens.

Göttliche Subversion

Diese Nacht ist still und heilig. Unsere Augen sind voll von Licht, die Lippen voll von Lachen, das Herz ist voll von Musik und die ganze Kirche voll von Liedern. Zu Hause ist der Tisch voll von

Gaben und Geschenken. Und wir singen aus voller Brust: „O du fröhliche, o du selige, gnadenbringende Weihnachtszeit." Und ich wünschte mir von ganzem Herzen, daß diese Zeit für jeden einzelnen so gnadenbringend sei.

Aber ist sie es wirklich? Haben wir vor lauter Drum und Dran nicht das Wesentliche ausgeschüttet? Haben wir nicht vergessen, daß die Botschaft der Heiligen Nacht etwas Subversives an sich hat, etwas Aufrüttelndes und Beunruhigendes?

Da ist doch ein ganzes Volk auf den Beinen: die Stille und die Heiligkeit der Nacht ist gestört durch den großen Kaiser in Rom. Die Sehnsucht des Menschen wird zertreten, seine eigentlichen Bedürfnisse mißachtet. Man verfügt über das Volk, stößt es im Lande hin und her – nur weil man es in Rom so will. Dieses Volk ist niedrig, namenlos, ohne Bedeutung und arm. Es wird ihm nichts geschenkt und nichts gegeben, ihm ist alles genommen und vorenthalten: der Tisch, das Haus, das Bett. Man schläft im Freien oder in Höhlen, weil in der Herberge kein Platz ist. Man bringt einen Knaben zur Welt und hat kein Wasser, um ihn und die Mutter zu reinigen, und bloß eine Futterkrippe, um das Neugeborene hineinzubetten.

Eine andere Blickrichtung

Es ist mir, als wollte das Evangelium mit aller Gewalt unsere Blickrichtung ändern: am Rande der Stadt, nicht in der City, am Ende der Welt, nicht im Zentrum, kommt Gott zur Welt. Unten, nicht oben, bei den Kleinen und Namenlosen, nicht bei den Großen und Berühmten, bei den Habenichtsen und nicht bei den Reichen ... Da wird wirklich alles auf den Kopf gestellt und umgestürzt. Wir können Weihnachten nur dann wirklich feiern, wenn wir umdenken und in diese Richtung des Evangeliums blicken: Der nichts bedeutet, bedeutet alles, der keinen Namen hat, wird angerufen, der nichts hat, bekommt alles, die keine Geltung und Achtung haben, sind Gottes Lieblinge.

Franz von Assisi hat diese Blickrichtung nachvollzogen. Er konnte darum auch jene berühmte Weihnachtsfeier abhalten. Er begriff, daß die Menschwerdung ein Abstieg Gottes in die letzten Einsamkeiten und Verlassenheiten, in die Not und Armut des Menschen bedeutet. Es drängte ihn darum zu den gemeinen und verachteten Leuten, zu den Armen, Schwachen, Kranken, Aussätzigen und am Wege Bettelnden. Und „seine Nachfolger gingen den gleichen Weg. In wenigen Jahren wurde aus der Tat eines einzelnen eine Bewegung, die zahllose Frauen und Männer mit sich riß. Es war eine gewaltlose Revolution, die Armut und Reichtum, Macht und Ohnmacht, Oben und Unten verkehrte und in einem neuen Licht erscheinen ließ. Der Weg des Abstiegs dieser Christen, unter denen sich viele Hochgestellte (z. B. die heilige Elisabeth von Thüringen und der heilige Ludwig von Frankreich) befanden, führte von selbst zu den Verlorenen und Ausgestoßenen aller Zeiten und Länder" (H. J. Lauter).

34

Damit die Nacht licht wird

Ein Christentum, das Weihnachten feiert, müßte also wie ein Franz von Assisi, wie eine Mutter Teresa von Kalkutta aufbrechen – zu denen, die keinen Namen und keine Sprache haben, zu all diesen Menschen, die sich selbst als „Nichts", als „Niemand" erleben, zu all den Behinderten, die sich beklagen, daß man ihnen ein sinnerfülltes Leben abspricht. Zu den vielen geschiedenen Frauen, die von der Männerwelt sehr oft als Objekte betrachtet werden. Zu all den Ledigen, die oft glauben, nichts wert, nutzlos, vergessen, betrogen zu sein. Zu den vielen Menschen, die in völliger Beziehungslosigkeit und in bedrückender Angst leben müssen. Zu all den durch Vererbung und Umwelt Geschädigten, die mit ihrer seelischen Krankheit allein fertig werden müssen. Zu den Arbeitslosen und Obdachlosen, die das Abfallprodukt unseres wirtschaftlichen Erfolges sind. Zu den Alten, die sich an den Rand gedrängt und zur Passivität verurteilt sehen. Zu all den Unpersonen, den störenden Faktoren, negativen Elementen, Asozialen und Außenseitern. All diese Menschen warten, daß es Weihnachten wird, darauf, daß ihre Nacht licht wird, ihre Not geteilt, ihre Verlassenheit ein Ende hat. Sie warten darauf, daß in ihr Stroh, in ihre Armut hinein das Kind gelegt wird, der Erlöser und Retter.
Denn Weihnachten soll ein Fest werden für alle, die in Nacht und Finsternis leben. Für uns, die wir diese Nacht feiern, und für alle, die noch nicht feiern können! Denn Christ, der Retter, ist da.

Grenzenlose Energie

Da ist das Bild einer Stadt, die ins Dunkle gehüllt ist: ein Atomkraftwerk und eine erstorbene Natur, die Erde ohne Grün, Bäume ohne Blätter und Früchte, die Sträucher ohne Blüten und Keime, Ängste, Befürchtungen, Erfahrungen, die wir Menschen heute in uns tragen. In dies alles hineingesetzt die Mutter und das Kind. Nur in ihrem Umkreis ist es hell und licht. In ihrem Umkreis blühen die Bäume und die Sträucher. Nur im Umkreis von Mutter und Kind keimen und wachsen Früchte. Sonne, Licht und Leben gibt es nur im Umkreis von Mutter und Kind.

Ein Weihnachtsbild

Dieses Bild von B. Heinen enthält auf einmalige Weise, was ich mit der Menschwerdung Gottes verbinde: Jesus, der Retter, ist da; Gott ist mit uns. Er ist die Wahrheit, auf der wir wirklich stehen, der Weg, den wir wirklich gehen können, und das Leben, das wirklich in all unsere Glieder eingehen kann; Jesus, dieses Kind in den Armen seiner Mutter, kann eine hoffnungslos verirrte Welt verändern, neu machen.

Um das für einen modernen Menschen plausibel zu machen, möchte ich auf die Gesetze hinweisen, die zur Atomkraft geführt haben. Albert Einstein hat um die Jahrhundertwende geahnt, daß etwas ganz Kleines, ein an sich unbedeutendes Ding, bei bestimmten Bedingungen eine unvorstellbar große Kraft entwickeln kann. Da ist ein ganz kleines, winziges Materieteilchen, das Atom – so klein, daß man sich darunter nichts vorstellen kann. Wenn dieses kleine Ding nun in Berührung kommt mit einer unvorstellbar großen Geschwindigkeit, mit der Dynamik des Lichtes, dann entsteht eine unbändige Kraft, eine Kraft, die wir nicht mehr bändigen können und die letztlich die ganze Welt zerstören kann. Es tut jetzt nichts zur Sache, ob wir dieses Gesetz bis ins Letzte begreifen. Wir wissen, daß es so ist: im kleinsten Ding kann die größtmögliche Kraft entfesselt werden, sofern es mit der Lichtgeschwindigkeit im Quadrat konfrontiert wird. So ist es und nicht anders im materiellen Bereich. Und im seelischen Bereich?

Könnte es im seelischen Bereich nicht ebenfalls so sein? Könnte nicht auch in uns eine unvorstellbare Energie entfesselt werden, wenn wir konfrontiert würden mit dem Unvorstellbaren?

C. G. Jung, der große Psychologe, hat diese Frage bejaht. Und Mahatma Gandhi hat sein Leben darauf gesetzt. Ein noch so kleiner Mensch, sagte er, kann mit Ahimsa erfüllt werden, mit Gewaltverzicht, mit der Macht der Liebe, mit der Kraft der Seele, mit der Kraft der Wahrheit, mit dem Göttlichen schlechthin. Und wenn diese Berührung des noch so kleinen Menschen mit dem Göttlichen stattfindet, werden grenzenlose Energien frei. Gandhi sagte sich: Das ist die Grundwahrheit, die ich annehme. Nun muß ich mit dieser Wahrheit experimentieren. Dann wird sich zeigen, ob sie stimmt. Und es zeigte sich, daß sie stimmt: Er riß mit seiner Energie einen ganzen Kontinent mit und veränderte die politische Wirklichkeit Indiens.

Was wir an Weihnachten feiern

Genau das ist es, was wir an Weihnachten feiern: ein kleines Kind, das wesentlich mit Gott in Berührung steht. Durch dieses kleine Kind wird eine Energie entfesselt, welche die Erde in ein Paradies verwandeln kann.

Lesen wir doch in der Bibel, wie dieses Paradies um diesen Jesus greifbar wird: Er geht in die Wüste – und die wilden Tiere suchen seine Gemeinschaft. Jesus geht zu den Kranken – und sie werden gesund. Er berührt taube Ohren, blinde Augen, verschlossene Lippen, gebundene Hände und lahme Füße, und sie hören, sehen, sprechen, handeln und laufen. Jesus ruft in Gräber hinein – und die Toten werden lebendig. Er kehrt bei Sündern ein – und ihr hartes Herz schmilzt. Er stirbt – und der Tod ist am Ende. Um diesen Jesus herum, in seinem Umkreis, entsteht eine neue Welt, eine ganz andere Welt, eine Welt, die unserer Sehnsucht entspricht.

Wenn wir auf Jesus blicken, dann sehen wir: Es ist nicht einfach eine Hypothese, wenn wir sagen, das Kleinste, das an sich Unbedeutende kann eine unvorstellbare, geschichtlich wirksame Energie entfalten, wenn es mit Gott in Verbindung steht, und zwar nicht einfach ein bißchen, sondern wesentlich, substantiell. Nein, es ist keine Hypothese, sondern eine geschichtlich nachprüfbare, eine im Leben Jesu sichtbar und greifbar gewordene Wahrheit: Das Kind von Betlehem, der ungebildete, einfache Mann aus Nazaret, hat Wirkungen, die an sich nicht selbstverständlich sind und nicht erwartet werden können. Das ist zunächst ein Grund zum Feiern: Wir Menschen sind nicht uns selbst überlassen. Wir haben Gott aufgenommen, sind in Berührung gekommen mit der Liebesmacht Gottes. Und darum kann alles anders werden: der Tod, das Leiden, die Angst, die Sinnlosigkeit, die Verwüstung der Schöpfung durch Chemie und Atom – das alles kann sich ändern, wenn wir uns dieser Liebesmacht Gottes überlassen. Wir dürfen hoffen, singen, tanzen, nicht nur heute, sondern das ganze Jahr über. Das jedoch nur, wenn auch wir uns öffnen für die Berührung mit dem Göttlichen.

Sich an das Kind halten

Wir haben es gut. Denn wir dürfen uns nun an dieses Kind halten, dürfen uns an seinen Windeln festhalten oder am Kleid, das der Mann aus Nazaret anhat. Ich erinnere an die Frau, die von hinten an Jesus herantrat und sein Gewand berührte. In diesem Moment sprang die göttliche Kraft auf sie über, und sie wurde gesund. Wir können die Energie empfangen, die in Jesus ist, in seinen Worten, in seinen Taten, in seinem Leben, Sterben und in seiner Auferstehung. Wir können in der Gemeinschaft mit ihm eine grenzenlose Energie empfangen, eine Energie, die alles verändert, die in die Zukunft weist. Wir können diese

Energie empfangen und dann spüren – mag ich noch so klein sein und unbedeutend.

So schauen wir nochmals auf das anfangs beschriebene Bild: Im Umkreis dieses Kindes erblüht das Leben. Und je mehr wir mit ihm in Berührung kommen, werden wir selbst vom Licht und vom Leben angesteckt. Dieses Licht und dieses Leben werden sich über die ganze Welt ausbreiten.

Immanuel – Jesus

Am Tag kann man nüchterner reden als in der Nacht. Da fällt einem ein, daß es vielen, wenn nicht den meisten Menschen gar nicht so weihnachtlich zumute ist. Ich erinnere mich an viele seelsorgliche Gespräche, in denen ein Grundton vorherrschte: Pessimismus, Resignation. Hier fehlte der Lebenswille, die Zukunftsperspektive. Da gab es einen Sog des Nichts: Am liebsten würde man zurücksinken in den Tod. Ein amerikanischer Psychotherapeut meint sogar, daß das die vorherrschende Krankheit des modernen Menschen sei. Er nennt sie Nekrophilie: die Liebe zum Tod.

Dieser Krankheit hat das Christentum immer nur eines entgegenzusetzen: das Leben – hier und jetzt und das ewige Leben. Gott ist ein Gott der Lebendigen, nicht der Toten, hat schon das Alte Testament bekannt. Und das Neue Testament glaubt, daß Gott den Tod nicht erträgt, sondern ihn tötet.

Ermutigung zum Leben

Auch Weihnachten kennt keine andere Botschaft. Das heutige Fest will zum Leben ermutigen. Wir feiern ja die Geburt, nicht den Tod eines Menschen. Wir sollen ja beglückt werden durch das neue Leben, das sich in Jesus von Nazaret kundtut. Seine Worte und Taten wollen Leben wecken und Leben erhalten. Darum glauben wird, daß das Kind in der Krippe der Immanuel ist, das heißt übersetzt „Gott ist mit uns" (Mt 1,23). Auch der eigentliche Name des Kindes, Jesus, meint nichts anderes: Gott rettet.

Wir sollten uns diesen beiden Namen ein wenig aussetzen. Sie enthalten einerseits eine Provokation, eine Behauptung, die der moderne Mensch nicht einfach annehmen will: Gott ist mit uns, Gott rettet – und zwar durch Jesus von Nazaret. Wir können das nicht beweisen, ich will darum auch keinen Versuch machen. Aber: Wer es riskiert, sich auf Jesus einzulassen, wer das Leben mit ihm wagt, wird bald einmal am eigenen Leib erfahren, daß Gott die Rettung ist, und vor allem, daß er auf der Seite des Menschen steht.

Nur wer wagt, erfährt es. Da kann man nichts beweisen, nur glauben. Aber wenn man einmal glaubt, wird von den Namen Immanuel und Jesus bald ein unbeugsamer Lebenswille ausgehen. Am besten: Ich verweise da auf Menschen, die in jeder Faser ihrer Persönlichkeit von Immanuel/ Jesus erfaßt waren und dadurch zu einem unbändigen Lebenswillen kamen: Da ist einmal Alfred Delp, der Jesuitenpater, der in einem Nazigefängnis schmachtete und schließlich erhängt wurde. Von ihm stammt der Satz: „Laßt uns dem Leben trauen, weil wir es nicht allein zu leben haben, sondern Gott es mit uns lebt." Wir erkennen in diesem Satz das Wort Immanuel = Gott mit uns. Wer erfaßt, was wir an Weihnachten feiern, wird sein Leben nicht nur rein passiv entgegennehmen und resigniert sich hin- und herschaukeln lassen. Er wird dem Leben trauen, und er wird das Leben wollen – für sich und die Welt.

Das Ja zu allem

Als zweiten Zeugen der Weihnachtsbotschaft möchte ich den Apostel Paulus anführen. Er schreibt: „Gottes Sohn, Jesus Christus ist nicht als Ja und Nein gekommen: nur das Ja ist in ihm verwirklicht. Er ist das Ja zu allem, was Gott verheißen hat" (2 Kor 1, 19.20). Was Gott und den Menschen verbindet, ist die Treue, das Ja Gottes. Da gibt es kein Zögern Gottes, nicht die Spur eines Nein. Da hat das Nichts, der Nihilismus, die Resignation und Hoffnungslosigkeit des Menschen keinen Platz. Da gibt es auf seiten der Menschen eben auch nur noch das Ja, das Ja zum Leben und zur Welt. Und dies trotz allem, was das Schicksal bereithält. Paulus: „Ist Gott für uns, wer ist dann gegen uns? … Was kann uns scheiden von der Liebe Christi? Bedrängnis oder Not oder Verfolgung, Hunger oder Kälte, Gefahr oder Schwert? … Alles überwinden wir durch den, der uns geliebt hat. Denn ich bin gewiß: Weder Tod noch Leben, weder Engel noch Mächte, weder Gegenwärtiges noch Zukünftiges, weder Gewalten der Höhe oder Tiefe noch irgendeine andere Kreatur können uns trennen von der Liebe Gottes in Jesus Christus, unserem Herrn" (Röm 8, 31 – 39). Von einem solchen Text aus bin ich hie und da versucht, Gott und Leben auszutauschen: Das unbedingte Leben, das alles, was ihm entgegentritt, überwindet – das ist Gott. Und wo das Leben so unbedingt sich durchsetzt, da ist Gott.

Das Leben wird siegen

Ein dritter Zeuge: Dag Hammarskjöld, der ehemalige Generalsekretär der UNO, der in aller Geschäftigkeit der Politik ein Mystiker war. Hier ein paar Sätze aus seinem Tagebuch:

„Ja sagen zum Leben heißt auch ja sagen zu sich selbst.
Du wagst dein Ja – und erlebst einen Sinn.
Du wiederholst dein Ja – und alles bekommt Sinn.
Wenn alles Sinn hat, wie kannst Du anderes leben als ein Ja.
Ja zu Gott: Ja zum Schicksal und ja zu Dir selbst. Wenn das Wirklichkeit wird, dann mag die Seele verwundet werden, aber sie hat die Kraft zu genesen."

Hammarskjöld sagt hier mit anderen Worten dasselbe wie Paulus: Wenn Gott mit uns ist, dann mag es zwar viel Widerwärtiges geben – das Leben aber wird siegen. Immanuel: Gott ist mit uns. Jesus: Gott rettet.

Von der singenden
zur besungenen Kirche

Immer wieder singen wir in der Liturgie mit Maria das Magnifikat.
Maria hat allen Grund zum Singen:

Sie ist voll der Gnade,
wird von einem Engel berührt,
hört eine göttliche Stimme,
empfängt vom Heiligen Geist.
Sie ist voll der Gnade und hat Grund zum Singen.

Der Erlöser ist da

Nun ist es seit zweitausend Jahren die Auffassung der Gläubigen, daß Maria eigentlich die Kirche ist.
Sie, die Kirche, die Gläubigen, wir singen.
Und wir haben Grund zum Singen:
Der Erlöser ist da.
Nur als singende Kirche sind wir die Kirche Jesu Christi.

Nach dem Singen geht Maria auf einen mühsamen Weg, eine beschwerliche Straße über die Berge, zu Elisabet.
Elisabet gehört zu jenen Menschen, die lange Zeit keine Hoffnung hatten, die keine Zukunft sahen, weil ihnen das Schicksal die Zukunft verweigert. Sie ist unfruchtbar.
Elisabet steht also für alle Verlassenen, im Stich Gelassenen, Einsamen, Verzagten, Verängstig-

ten dieser Welt, denen plötzlich eine neue Hoffnung blüht.

Zu ihr, zu allen diesen Menschen, kommt Maria, kommt die Kirche.

So wird aus der singenden Maria eine besungene Maria.

So wird aus der singenden Kirche eine besungene Kirche.

Elisabet beginnt zu singen und mit ihr alle, die an der Kirche, an Maria einen neuen Grund der Hoffnung entdeckt haben: Selig, die geglaubt hat, daß in Erfüllung geht, was ihr vom Herrn gesagt wurde.

Elisabet kann das singen, weil ihr Innerstes angerührt wurde, ihr Herz, ihr neuer Sinn, das Kind. Und das Innerste wurde angerührt, weil Maria, weil die Kirche eine echte Begegnung gesucht hat.

Den Aufbruch suchen

Was aber, so stelle ich mir wie viele andere die Frage, was aber, wenn Maria gar nicht aufgebrochen wäre, wenn sie den mühsamen Weg über die Berge nicht auf sich genommen hätte, wenn sie die Begegnung gescheut hätte, den Dienst verweigert, was geschähe, wenn sie zu Hause geblieben wäre, in ihrem Kämmerlein oder wenn sie statt dessen an einem Meerbad sich erholt hätte?

Niemals würde ein Lied auf sie gesungen, sie wäre keine besungene Frau, keine besungene Kirche. Und in ihrem eigenen Kämmerlein wäre ihr

mit der Zeit auch das Singen vergangen, weil ihr
der Grund zum Singen abhanden kam.
Suchen wir alle die Öffnung, die Begegnung, den
Aufbruch. Nur so sind wir Hoffnung und Licht
für die Menschen.

II

Bis heute nicht begriffen?

Vom Wunder der Liebe

Irgendwie sehnen wir uns alle nach dem Wunder. Und doch geschieht es nicht. Statt dessen bleiben die Katastrophen nicht aus, auch an Weihnachten nicht. Und die Kinder verhungern, auch an Weihnachten. Und Terror und Krieg dauern an – trotz des Liedes vom Frieden, das die Engel über der Krippe singen.

Ist es vielleicht deswegen, weil wir das Wunder auf der Linie von Macht und Herrlichkeit, von Größe und Kraft erwarten? Sehen wir vielleicht einfach in die falsche Richtung? Ist Gott vielleicht so radikal anders, daß wir es nicht begreifen, bis heute nicht begriffen haben?

Wenn Gott sich offenbart, dann sagt er nicht ein paar Sätze über sich, er verkündet nicht ein Lehrsystem, keine Theorie, keine neue Wissenschaft – er zeigt ein neues Verhalten, er zeigt sich einfach als ein Kind.

Wenn Gott sich zeigt

Wenn Gott sich offenbart, dann nicht in Macht und Herrlichkeit, sondern in der Krippe und im hinfälligen Fleisch eines Menschen, in Leiden, Kreuz und Tod – er zeigt einfach seine mitleidende Liebe zu uns Menschen.

Wenn Gott sich offenbart, dann setzt er sich aus, dann macht er sich verletzbar, verwundbar, dann riskiert er sich selbst im Einsatz für den Menschen – er endet am Kreuz und stirbt den Tod eines Gescheiterten.

Wenn Gott sich offenbart, dann so, daß er sich selbst entblößt in die Nacktheit des Kindes und des Kreuzes hinein, daß er seine Macht und Herrlichkeit verbirgt, er offenbart sich so, daß er sich ganz zurücknimmt, ja er verbirgt sich, damit wir Raum haben und atmen können und keine Angst mehr haben müssen.

Wenn Gott sich offenbart, dann setzt er sich zu uns in Beziehung nicht wie ein Fürst dieser Welt, der vom hohen Roß herunter seine Untertanen besucht, sondern wie ein Kind, das unser Herz höher schlagen läßt.

Das ist das Wunder, das Wunder der Liebe. Gott ist wirklich ganz anders, er zeigt sich als Liebe, die sich hin- und preisgibt. Und dieses Wunder, dies könnte die Welt retten, wenn wir uns darauf einlassen.

Orientierung am Kinde

Wenn wir Weihnachten feiern, dann tun wir das so am besten, daß wir uns fortreißen lassen zu einem ganz anderen Leben, zu einem Leben, das sich am Kind in der Krippe orientiert.

Wenn wir Weihnachten feiern, dann tun wir das

so am besten, daß wir einander unsere Verletz-
lichkeit zeigen und unsere Leidensfähigkeit für-
einander entfalten; daß wir die Fenster unserer
Verwundbarkeit weit öffnen und das Schicksal
der anderen an uns herankommen lassen: Not,
Tod, Hunger und Elend, Tränen und Trauer, aber
auch Glück und Zuversicht, Jubel und Tanz.

Wenn wir Weihnachten feiern, dann tun wir das
so am besten, daß wir unsere Machtgelüste zu-
rücknehmen und den anderen Menschen neben
uns aufkommen lassen; daß wir der Logik der
Liebe Raum geben in unserer Mitte und darauf
verzichten, mehr als die anderen gelten zu wollen und andere nach unserem eigenen Bild for-
men zu wollen.

Wenn wir Weihnachten feiern, dann tun wir das
so am besten, daß wir werden wie das Kind in der
Krippe.

Ja, wir schauen wirklich in die falsche Richtung,
wenn wir Gott erwarten in Macht und Herrlichkeit. Das Wunder, das wir erhoffen und ersehnen
dürfen und das uns rettet, ist das *Wunder der
Liebe*.

Dann würden wir nämlich Gott selbst in uns haben, wir würden Anteil haben an seinem Wesen,
uns ermächtigt und voll Kraft fühlen, Not und
Tod zu wenden in Glück und Leben.

Leute aus der Ferne

Die Weihnachtsgeschichte des Evangelisten Matthäus (vgl. 1, 18 – 2, 12) sieht ganz anders aus als die des Lukas. Es gibt keine Engel, die erscheinen. Keine himmlische Musik, welche die Geburt begleitet. Keine Hirten auf dem Felde, die mitten in kalter Nacht durch ein Licht vom Himmel erwärmt werden und zur Krippe finden. Da gibt es außer Maria und Josef keinen einzigen gläubigen Juden, der die Bedeutung des Kindes erfaßt. Nein, an der Krippe des Matthäus stehen Leute, die wir Ungläubige nennen, Heiden mit fremden Sitten und anderen Kleidern. Sie kommen aus der Ferne, weit her, vom Rande der zivilisierten Welt. Sie bringen ihre Gaben. Sie beten an. Sie erkennen die Bedeutung Jesu.

Wer sind die Magier?

Vielleicht ist es gut, wenn wir einmal der Frage nachgehen, wer denn für uns die Magier sind. Vielleicht gibt es auch in unserem Leben Magier, Leute, die von weit her kommen, Leute, die nicht glauben – und die vielleicht mehr von Christus erfaßt haben als wir selbst.
Da wäre zum Beispiel Mahatma Gandhi, zwar ein religiöser Mann, aber durchaus kein Christ – oder vielleicht doch: Er hat einmal geschrieben: „Die Bergpredigt hat mich Jesus lieben gelehrt. Wenn ich die ganze Geschichte unseres Lebens in diesem Licht lese, scheint mir, das Christentum müsse erst noch verwirklicht werden. Denn

obwohl wir singen: ‚Ehre sei Gott im Himmel und Friede auf Erden‘, gibt es heute weder Ehre für Gott noch Frieden auf der Erde. Solange dies noch ungestillter Hunger bleibt, solange wir die Gewalt nicht mit ihren Wurzeln aus unserer Zivilisation herausgerissen haben, ist Christus noch nicht geboren. Wenn einmal wirklich Friede hergestellt sein wird, werden wir keine Beweise mehr brauchen: Er wird nicht nur in unserem individuellen, sondern auch in unserem kollektiven Leben erstrahlen.“

Diese Worte waren ernst gemeint. Während einiger Jahrzehnte hat Gandhi ein Leben, wie es in diesen Sätzen zum Ausdruck kommt, gelebt. Und schließlich wurde er ermordet.

Und nun die Frage, welche Epiphanie an uns stellt: Die Christen bilden ein Drittel der Menschheit: Wie mancher von ihnen, wie mancher von uns hat tatsächlich erkannt, wer Jesus ist? Oder ist das ein bleibendes Gesetz der Geschichte, daß jene, die unmittelbar um Jesus sind, dessen Bedeutung nicht erkennen, daß es immer Leute aus der Ferne sein müssen, die uns das sagen?

Ein anderes Beispiel, diesmal von einem Atheisten: Albert Camus schreibt in einem seiner Romane: „Ich sage Ihnen, die Religionen gehen von dem Augenblick an fehl, da sie Moral predigen und Gebote schleudern. Es ist kein Gott vonnöten, um Schuldhaftigkeit zu schaffen oder um zu strafen. Unsere von uns selbst wacker unterstützten Mitmenschen besorgen das zur Genüge. Was ich damit sagen will? Nun, daß die einzige

Nützlichkeit Gottes darin bestünde, die Unschuld zu verbürgen; ich selbst würde die Religion eher als eine große Weißwäscherei betrachten – was sie übrigens einmal gewesen ist, doch nur kurze Zeit, genau drei Jahre lang, und damals hieß sie nicht Religion."

Beziehung zu Jesus

Sie wissen, wen Camus mit den drei Jahren meint! Jesus, der zu den Ausgestoßenen geht und dem Zöllner, der Dirne, der Ehebrecherin, dem Verbrecher am Kreuz verzeiht und neues Leben verheißt. Auch Camus, wahrhaft einer, der aus der Ferne kommt, um anzubeten. Und wo stehen wir Christen?

Bei Matthäus waren es drei Magier. Darum füge ich gleich ein drittes Beispiel hinzu. In einfachsten Verhältnissen lebt in Prag Milan Machovec, ein Marxist und überzeugter Atheist. Er hat ein Buch über Jesus geschrieben, das ich zu den besten Jesusbüchern zähle. Er schreibt am Ende seines Buches: Bei Jesus von Nazaret „geht es um den Menschen selbst, um seine Zukunft und seine Gegenwart, um sein Siegen und Versagen, seine Liebe und seinen Schmerz, um seine Verzweiflung und unauslöschliche Hoffnung". Auch er hat eine viel persönlichere Beziehung zu Jesus als viele von uns, die meinen, mit dem Kirchgang sei es getan.

III

Mensch werden

Aneignen, was im Kind gegeben ist

Wer ist das Kind?

Wer das Kind in Betlehem ist, darüber läßt der Evangelist Matthäus keine Zweifel aufkommen:
— Es ist der neugeborene König, das heißt, an dieses Kind knüpfen sich alle Hoffnungen auf eine neue politische Ordnung: auf Frieden und Gerechtigkeit, auf Freiheit und Würde.
— Es ist ein mächtiger Fürst, das heißt, an diesem Menschen muß sich jeder Mann und jede Frau messen, von ihm her muß unser Leben einen neuen Sinn bekommen, durch ihn soll das Gefühl von Heimat und Sicherheit aufkommen.
— Es ist der Hirt des Volkes Israel, das heißt, an dieses Kind knüpft sich die Sehnsucht einer ganzen Bevölkerung nach Geborgenheit, Umsorgtsein, Orientierung und Halt.
— Es ist jemand, dessen Kommen von kosmischer und universaler Bedeutung ist, das heißt, neue Sterne entstehen und lassen sich in Bewegung setzen, um sich über den Geburtsort des Kindes zu neigen — und die Vertreter der Völker machen sich auf den Weg, um sich anbetend niederzuwerfen.

Es kann also kein Zweifel sein, daß sich Gott auf ganz einmalige Weise mit diesem armen Kind in der Krippe verbindet. Objektiv gesehen – so würde die Kirche sagen – beginnt in Betlehem eine neue Geschichte: die Geschichte, in der Gott und Mensch einander nicht mehr gegenüberstehen, sondern zu einer Einheit zusammenfließen können. Objektiv gesehen ist in Betlehem das Herz der Welt hervorgetreten.

Aber subjektiv? Was ist subjektiv passiert auf der Seite der Menschen? Offenbar nicht sehr viel! Ein paar rührselige Gefühle sind sehr wenig!

Gleichen wir nicht zu sehr den Subjekten in unserer Geschichte?

Sterndeuter und Politiker

Da sind einmal die Sterndeuter, die Astrologen. Sie kommen am besten weg, erstaunlicherweise, wo diese Leute doch bis heute nicht ganz ernst genommen werden. Als ob es eine Rolle spielen würde, woher jemand Wissen und Weisheit hat, von den Büchern oder von den Sternen. Jedenfalls sind es die Sterndeuter, die in diesem Text besser als die Politiker und besser als die Theologen wegkommen: Denn sie deuten die Vorgänge am Himmel richtig, sie machen sich auf den Weg, sie fragen sich durch, weil sie zwar wissen, daß etwas passiert ist, aber nicht wo; sie freuen sich, wie sie den Ort finden, sie fallen nieder und beten an, sie packen ihre Geschenke aus. Das alles ist sehr viel. Doch sie kehren in ihre Heimat zurück – statt daß sie beim Kind bleiben und mit ihm zusammen das Reich Gottes aufbauen. Sie wissen es in extremer Gefahr, aber sie tun nichts zu seinem Schutz – außer daß sie auf einem anderen Weg in ihre Heimat zurückkehren. Irgendwie bleiben sie im Unverbindlichen. Ihre Anbetung bleibt Episode, sie geht nicht den Weg des wahren Glaubens, der identisch ist mit einer neuen Praxis, mit dem Liebesgebot, mit dem vollen Einsatz und möglicherweise mit dem Verlust des Lebens, mit der Kreuzesnachfolge. Dabei käme es doch darauf an, subjektiv sich anzueignen, was objektiv in diesem Kind gegenwärtig geworden ist.

Und dann ist da der König Herodes. Wir wollen ihm seinen Namen nehmen und sagen: der Politiker, der an den Hebeln der Macht sitzt, dem es nur darum geht, daß er an der Macht bleibt, der unfähig ist, sich in Frage stellen zu lassen: Er erschrickt, er läßt nachforschen, er ist im höchsten Maße interessiert und sensibilisiert, aber ohne Glaube und ohne Liebe, er will keinen Zentimeter von seinem Boden weggeben, will das Reich Gottes im Keime ersticken. Dabei käme alles darauf an, sich in Frage zu stellen, sich in seinem Lebensentwurf zu hinterfragen, vom hohen Podest herunterzukommen, die Perspektive der Macht aufzugeben und sich radikal neu zu definieren: als Liebe, die sich hingibt, die vorzieht zu sterben statt anderen das Leben zu nehmen. Wir müssen subjektiv aneignen, was objektiv in diesem Kind gegenwärtig geworden ist.

Schriftgelehrte und Theologen

Und dann sind da die Schriftgelehrten, die Theologen. Ach Gott, wie das trifft, wenn man sich selbst als Theologe versteht. Es sind reine Theoretiker: Sie wissen, in welchem Abschnitt der Bibel man nachforschen muß, sie wissen sogar, wo der Messias geboren werden soll. Aber sie lassen alles so stehen, ohne zu fragen, was das alles mit dem eigenen Leben zu tun hat, wo denn derjenige geboren wird, der alles neuordnen soll. Es kommen keine persönlichen Gefühle auf, keine Fragen und schon gar nicht der Gedanke, den Sterndeutern zu folgen, um sich niederzuwerfen und anzubeten.

Dabei ist der Gottesgedanke mindestens seit der Geburt Jesu ein praktischer Gedanke: Es geht um eine neue Praxis, um ein Sichaufmachen und Anbeten, um Nachfolgen und Mitgehen, um Einsatz und Veränderung, um Leiden und Sterben, wenn es nötig sein sollte. Es kommt alles darauf an, sich subjektiv anzueignen, was objektiv mit diesem Kind gegeben ist.

Und so sind wir denn gefragt, ob wir beim Kind, bei diesem Menschen bleiben und mit ihm gehen, ob wir bereit sind, in ihm wirklich an den neugeborenen König unseres Lebens, den Fürsten unseres Herzens und den Hirten unserer Seele zu glauben.

Die Geburt des neuen Menschen

Wir feiern an Weihnachten die Geburt eines
neuen Menschen, die nun schon zweitausend
Jahre zurückliegt und an der wir teilhaben könnten, wenn wir nur wollten. Das bedeutet, daß
wir Christen nicht auf das Jenseits vertrösten,
wenn wir von Licht, von Freiheit, von Heimat,
von Glück sprechen, von der neuen, von Gott
verheißenen Welt. Sie ist schon die geheime und
wirklich erfahrbare Wirklichkeit dieser Welt.
Diesem Gedanken wollen wir nachgehen.
Zunächst ein paar Sätze aus einem Buch, das ich
mit seltener Leidenschaftlichkeit gelesen habe.
Es ist das Jesus-Buch von Milan Machovec, geschrieben von einem Ungläubigen, von einem
tschechischen Marxisten. Da steht: „Jesus wirk-
te, riß die Schüler mit, sie ‚verstanden' ihn,
‚glaubten an ihn', nicht weil er spekulativ dach-
te, sondern weil er so war, weil er diese gelebte
Zukunft mit seinem ganzen Wesen verkörperte.
Sie sahen in ihm einen bereits zu diesem künfti-
gen Königreich Gottes gehörigen Menschen, sie
sahen an ihm, was es bedeutete, ‚voll Gnade' zu
sein, was es bedeutete, nicht nur ein Verkünder,
sondern selbst ‚Sohn' dieser Verkündigung zu
sein, bis ins Mark der Knochen Kind des zukünf-
tigen Zeitalters."
So weit ein Marxist. Selbstverständlich könnten
wir nun das eine oder andere kritisch dazu sagen.
Aber mir scheint, das Wesentliche ist gesagt:
Jesus gehört ganz zu dieser Welt, und doch ist er

in dieser Welt der Sohn einer anderen Welt. Jesus ist gelebte Zukunft, Verkörperung der neuen Welt Gottes.

Teilhaben an der Geburt

So feiern wir denn an Weihnachten die Geburt eines anderen Menschen, den Anfang eines anderen Zeitalters. Was wir in dieser Welt an Tod, Nacht, Jammer und Elend antreffen – das gehört zu Adam und seinem Geschlecht. Mit der Geburt Jesu ist der Bann gebrochen: In seinem Leben erscheint die Güte schlechthin, die Liebe schlechthin und nichts als Liebe, steht im Titusbrief. Wir müßten diese abstrakten Begriffe, also Güte und Liebe, ersetzen mit dem ganzen Leben Jesu. Wir müßten einige Beispiele erzählen, wie gütig Jesus war und wie bedingungslos seine Liebe. Aber das hören wir das ganze Jahr hindurch. An Weihnachten soll gesagt sein, daß Güte und Liebe das Wesen des neuen Menschen ausmachen.

Nun steht aber noch etwas im Titusbrief. Und wir dürften eigentlich nicht Weihnachten feiern, ohne das mitzubedenken: Wir Menschen können an der Geburt des neuen Menschen teilhaben. Durch das Bad der Wiedergeburt und die Erneuerung im Geiste, also durch die Taufe und durch ein ständiges Umdenken, durch ein ständiges Abstandnehmen von der Lebensart Adams. Adam lebt nach dem Grundsatz der Vergeltung, Jesus nach dem Grundsatz der Versöhnung. Wir kennen doch das Wort: „Wenn dich einer auf die Wange schlägt, dann halt ihm auch die andere hin." Wer zu dieser Welt gehört, schlägt zurück. Der Wiedergeborene, der Christus angehört, der läßt die Gewalt bei sich zu Ende kommen. Der bricht die Kette der Gewalt, indem er sie nicht weiterzeugt.

Vielleicht ist es gut, zwei Beispiele zu nennen, die von der Lebensart des neuen Menschen einiges erahnen lassen.

Zuerst eine Frau. Sie heißt Ilse Blumenthal-Weiss. Ihr Mann wurde in Auschwitz ermordet. Ihr Sohn ebenfalls. Sie selbst war jahrelang in einem Konzentrationslager. Sie hat folgende Zeilen geschrieben:

> Ich kann nicht hassen.
> Sie schlagen mich.
> Sie treten mich mit Füßen.
>
> Ich kann nicht hassen.
> Ich kann nur büßen
> für dich und mich.
>
> Ich kann nicht hassen.
> Sie würgen mich.
> Sie werfen mich mit Steinen.
>
> Ich kann nicht hassen.
> Ich kann nur weinen
> bitterlich.

Erahnen Sie etwas von der Geburt des neuen Menschen in dieser Frau?

Aus dem Wolf wird ein Lamm

Daß Teilhaben an der Geburt des neuen Menschen nicht Resignation, sondern Auftrag bedeutet, zeigt ein zweites Beispiel: Franz von Assisi,
den seine Zeitgenossen als einen neuen Jesus erlebt und verehrt haben. Ihn nannte man übrigens
auch „Mann aus einer anderen Welt". Sein Wesen hat sich in eine Legende hinein verdichtet,
die Legende vom Wolf von Gubbio, einem Symbol für Adam, den wölfischen Menschen:
Keiner getraut sich aus der Stadt. Jeder hat
schreckliche Angst. Eine Panik droht auszubre-
chen. Denn was hat dieser Wolf schon alles ange-
richtet. Franz setzt sich von den anderen Menschen ab. Er lebt anders als sie. In ihm lebt das,
was ein moderner Dichter (Ionesco) „Sich gehen
lassen" nennt, nämlich das Vertrauen und die
Hoffnung. Franz setzt also sein Vertrauen auf
Jesus und geht dem Wolf entgegen. Er sagt:
„Komm zu mir, Bruder Wolf. Im Namen Christi
befehle ich dir, weder mir noch sonst jemand
etwas Böses zu tun. Ich will zwischen dir und
den Leuten Frieden machen. Es darf keinem
mehr ein Leid von dir geschehen, und sie sollen
dir alle vergangene Missetat erlassen, und weder
Menschen noch Hunde sollen dich weiter verfol-
gen." Aus dem Wolf ist ein Lamm geworden.
Auch hier erahnen wir etwas vom neuen Menschen. Es geht darum, daß wir in uns selbst das
wölfische Wesen zur Sanftheit des Lammes wan-
deln und daß wir selbst verwandelnd in diese
Welt eingreifen.

Durch Wiedergeburt und durch Erneuerung des Geistes haben wir teil an der Geburt Jesu Christi, des neuen Menschen. Ach wenn wir doch die Geburt Jesu mit unserer Wiedergeburt verbänden – es sähe anders aus in dieser Welt und in unserem Leben!

Menschwerdung: Angebot und Programm

Von Weihnachten reden heißt vom Menschen reden. Denn an diesem Tage wollte selbst Gott nichts anderes kennen als den Menschen. Das kommt auch sehr gut in der deutschen Sprache zum Ausdruck, die, wie mir scheint, für einmal glücklicher ist als andere Sprachen. Sie gebraucht das Wort „Menschwerdung", um das Weihnachtsgeheimnis zu erahnen, und bringt damit scheinbar weit Auseinanderliegendes zusammen.

Zum vollen Menschsein finden

Menschwerdung erinnert einmal an den Beginn der menschlichen Geschichte. Vor einiger Zeit stand ich an einem Ort, an dem es in mir still wurde und wo ich am liebsten niedergefallen wäre, um dem Staunen und der Anbetung Raum zu geben: in der Olduwai-Schlucht in Tanzania. Da, in Afrika, hat man vor Jahren die frühesten Funde zur Geschichte des Menschen gemacht, den sogenannten Homo habilis, das Skelett eines Wesens also, das zum ersten Mal imstande war, sich von seiner Umwelt abzusetzen und sich von den Tieren zu unterscheiden. Etwas Neues, ein menschliches Wesen ist geworden, das befähigt war, das Feuer zu gebrauchen und seine Hilflosigkeit durch Herstellung von Werkzeugen zu korrigieren.

Menschwerdung erinnert aber noch viel mehr an die Tatsache, daß wir auch heute immer noch Menschen werden müssen. Dem Menschen fehlt noch zu viel, was zu seinem vollen Wesen gehört. Zu viele Möglichkeiten schlummern unausgefaltet in ihm. Und vieles ist in ihm und um ihn herum, was im Widerspruch zu seinem eigentlichen Wesen steht. Nein, wir haben unsere Identität, unser eigenes Wesen noch lange nicht gefunden und verwirklicht, sind noch lange keine vollen Menschen.

Zum vollen Menschen gehört notwendig der Mitmensch: Es ist nicht gut, daß der Mensch allein sei, steht programmatisch am Anfang der Bibel. Und doch zergehen täglich Menschen in Einsamkeit und Isolation, selbst in der Ehe und in Klostergemeinschaften. Der Tod und das Scheitern wehen über die Liebe der Menschen hin. So kann der Mensch nicht Mensch sein.

Zum Menschsein des Menschen gehört das Leben ohne Ende und ungebrochene Freude: Jeder Schritt, den wir tun, zeugt davon, daß wir leben werden.

Und doch sind der Tod und die Krankheit die ständigen Begleiter des Menschen. Wir erfahren

sie als Widerspruch zu unserem Wesen. Wie soll
er da Mensch sein können?

Zum Menschsein des Menschen gehört eine seiner Würde entsprechende Umwelt: Gott, so
steht am Anfang der Bibel, setzte den Menschen
in einen Paradiesesgarten. Er wollte, daß ihm die
Sonne scheine, die Blumen blühen, daß ihn der
Wind anhauche, das Wasser erfrische, der Himmel erfreue und die Erde ernähre. Wir wissen,
was aus diesem Garten geworden ist. Durch
hemmungslose Ausbeutung, durch unkontrol-
liertes Wirtschaftswachstum und damit verbunden durch unverantwortliche Umweltzerstörung
bringen wir die Menschheit an den Rand des Ab-
grundes. Der „Club von Rom" sieht sich in der
Lage, den Untergang der Menschheit ins Jahr
2100 anzusetzen, sofern nicht eine wesentliche
Umorientierung erfolgt. Statt Menschwerdung
also Vernichtung des Menschen?

Das Bild ändert sich nicht, wenn man das Zu-
sammenleben der Menschen anschaut: Da ist zu
viel Haß, zu viel Mißverstehen, zu viel Krieg, zu
viel Schuld der Menschen. Unter ständiger Angst
und Bedrohung kann der Mensch nicht Mensch
werden. Die Menschheit scheint hier ans Ende
ihrer Weisheit gekommen zu sein.

Der neue Anfang

Hier glaube ich nun, von einer dritten Dimen-
sion der Menschwerdung sprechen zu sollen, von
der eigentlichen Botschaft von Weihnachten:
von der Menschwerdung Gottes.

Was will sie besagen?

Doch zunächst dies: die Menschwerdung des Menschen ist die Sache Gottes und sein erstes Anliegen. Er kann den Teufelskreis, in den die Menschen geraten sind, nicht länger ansehen. Er will sich an der Menschwerdung des Menschen beteiligen und sie dadurch auch irgendwie sichern. Er ergreift darum die Initiative und setzt einen neuen Anfang: den Menschen Jesus von Nazaret.

Durch ihn will er, und das ist das zweite, was Menschwerdung Gottes einschließt, uns allen ein neues Menschsein ermöglichen. Nichts weniger als eine neue Geburt ist von uns gefordert: Er gibt uns die Möglichkeit, Kinder Gottes zu werden, ein Wesen, das ganz und gar Gott zugewandt ist und so auch ganz und gar den Menschen.

Der neue Mensch ist der, der sein Wesen gewinnt, indem er es verliert und hingibt, derjenige, der zu sich kommt, indem er aus sich heraustritt. Der neue Mensch vergißt seine eigenen Interessen, schaut von sich weg – auf Gott und das Wohl der Menschen. Menschen geworden werden wir dann sein, wenn wir mit dem Apostel sagen können: Nicht mehr ich lebe, Christus lebt in mir. Wenn wir also alles egoistische Streben, alle sündhafte Tendenz und alles ungeordnete Wollen abgeworfen haben und nur noch vom Geiste Jesu getrieben werden, haben wir wahrhaft die Menschwerdung des Menschen zur Vollendung gebracht.

Suchen wir heute doch ein wenig menschlich zu

werden: in der gegenseitigen Zuneigung, in der Innigkeit des Festes werden wir einander zur Heimat. Und vergessen wir diejenigen nicht, die weit davon entfernt sind, sich als Menschen entfalten zu können. Es gibt um uns herum sehr viele einsame, kranke, verzweifelte Menschen. Es gibt andere, die hungern, dürsten, die gefangen sind, von Krieg bedroht, von Armut geschlagen. Vergessen wir sie nicht.

Verstehen wir Weihnachten als persönlichen Auftrag, das wie immer Mögliche für die Menschwerdung des Menschen zu tun.

Mach's wie Gott und werde Mensch!

„Mach's wie Gott und werde Mensch!" Das ist die unüberhörbare Botschaft der Heiligen Nacht. Wir sollen Menschen werden, wirkliche Menschen mit allem, was zum Menschsein gehört. Gott selbst wollte es werden, ist es wirklich geworden. Mit diesem Kind in der Krippe, in dieser heiligen, stillen Nacht.

Ja, der Mensch ist die zweite Heimat Gottes. Die erste Heimat Gottes ist der Himmel. Doch der Himmel war ihm nicht genug. Gott wanderte aus, er wählte eine zweite Heimat: eben unsere Erde, unser menschliches Leben, damit der Himmel auf Erden möglich wird.

Was ist der Mensch?

„Mach's wie Gott und werde Mensch!"
Wissen wir überhaupt, was der Mensch ist? Ist
das nicht die Frage, mit der sich alle Philosophen
und Theologen, aber auch die einfachen Menschen immer wieder abgeben müssen? Ist es
letztlich nicht die einzige Frage, die die Geschichte bewegt? Zeigt nicht schon diese Tatsache, daß uns die Antwort gegeben werden muß?
Mir scheint, daß hier an der Krippe diese Antwort gegeben wird. Ohne Gott können wir gar
nicht sagen, wer wir sind und welche Möglichkeiten in uns stecken. Hier in der Menschwerdung Gottes wird zunächst einmal die menschliche Unmenschlichkeit aufgedeckt:

– da gibt es Menschen, die unmenschliche Gesetze erlassen,

– da gibt es Menschen, die gefühllos sind gegenüber einer schwangeren Frau und dem werden-
den Leben;

– da gibt es Menschen, die ein großes Haus haben, und andere, die auf der Straße liegen;

– da gibt es Menschen, die in Höhlen und Stäl-
len leben müssen;

– da gibt es Menschen, die sich ein Weltreich
aufbauen und dabei über Leichen schreiten;

– da gibt es Menschen, die anderen die Türe zu-
schlagen;

– da gibt es Menschen, die andere an den Rand
drängen;

– da gibt es Menschen, die keinen Sinn haben
für das Teilen;

– da gibt es Menschen, die andere verhungern lassen;

– da gibt es Menschen, die anderen nach dem Leben trachten und ihnen angst machen;

– da gibt es Menschen, die aus dem Land vertrieben werden.

Das alles wird aufgedeckt, wenn Gott Mensch wird. Unsere Unmenschlichkeit tritt zutage: Afrika, ein ganzer Kontinent, hungert, Millionen von Menschen sterben, Millionen bleiben geschädigt. Dabei gäbe es genügend Lebensmittel auf der Erde, genügend Mittel, um allen Hunger zu bannen. Aber die Machthaber dieser Welt wollen halt lieber ihre Macht erhalten, genau so wie Herodes damals, statt dem Leben Raum zu geben!

In den letzten Wochen und Monaten ist wieder viel Fremdenhaß zu spüren in unserem Land: die Angst vor allen Fremden, Ausländern, Zugereisten, Flüchtlingen. Man schlägt die Türen zu, genau wie damals in Betlehem.

Wenn Gott Mensch wird, dann wird die Unmenschlichkeit der Welt aufgedeckt. Aber auch ein göttliches Programm verkündet:

Mach's wie Gott und werde Mensch!

Ein göttliches Programm

Mach's wie Gott und werde ein Kind. Ja, werde wieder ein Kind: lerne spielen, lachen und weinen, vertrauen und nach Liebe hungern, lerne abhängig sein von anderen und Hilfe annehmen.

Mach's wie Gott und werde Mensch und teile

dein Leben mit anderen: Ja, stell dich auf die Seite der Armen, der Hungernden, der Menschen, die wenig oder gar nichts haben.

Laß dir nicht einreden, daß es halt gute und schlechte Menschen gibt. Ja, setze dich nicht ab von den Trinkern, Süchtigen, Abhängigen, auch nicht von den Sündern, den Dirnen.

Berühre mit aller Zärtlichkeit, zu der du fähig bist, die Kranken, und laß dich von ihnen berühren. Ja, suche die Gemeinschaft der Blinden, der Lahmen, der Tauben und Stummen.

Vergieße Tränen der Trauer und des Zornes, wenn jemand stirbt.

Setze dich über Gesetze und Institutionen hinweg, wenn es das Wohl der Menschen verlangt.

Mach's wie Gott und werde Mensch: Verzeihe immer wieder.

Wirklich: Ein göttliches Programm wird uns an Weihnachten verkündet. Und man müßte eigentlich jedes Wort und jede Geschichte, die von Jesus erzählt wird, aufzählen, um dieses Programm zu verdeutlichen.

Gott und Menschen

Wer ist Gott? Wer ist der Mensch? Zwei bewegende Fragen, seit es Menschen gibt. Auch heute. Und dann hört man ganz verschiedene Antworten: Die Frommen sagen: Von Gott sollen wir reden, vor allem von Gott und ein wenig weniger vom Menschen. Die anderen halten ihnen entgegen: Vom Menschen müssen wir reden, vor allem vom Menschen und überhaupt nicht mehr von Gott.

So sind denn Gott und Mensch Konkurrenten: Der eine nimmt zu, der andere ab, je nachdem, ob man für den einen oder anderen ist.

Glaube und Unglaube

Ich glaube, daß dieses Problem hinter der Geschichte von der Ablehnung Jesu in seiner Heimatstadt Nazaret steht, die der heilige Markus in seinem Evangelium berichtet (vgl. 6, 1 – 6). Die Leute von Nazaret gehören zu den Frommen. Sie wollen von Gott reden, vor allem von Gott und weniger vom Menschen. Und genau das wird von Jesus selber als Unglaube hingestellt, über den er sich nur wundern kann.

Daß die Leute in Nazaret fromme Juden sind, darf ich voraussetzen. Sie glauben an Jahwe, so ehrfürchtig, daß sie seinen Namen nicht auszusprechen wagen. Und es sind Menschen, die den Sabbatgottesdienst regelmäßig besuchen, die für die Heiligen Schriften und für die Erklärungen ganz Ohr sind. Also an der Frömmigkeit der Leute ist nicht zu zweifeln.

Und trotzdem ist diese Frömmigkeit Unglaube. Weil sie Gott nicht an sich herankommen läßt. Weil sie unmenschlich von Gott denkt. Weil sie die Menschlichkeit Jesu als Widerspruch zu ihrem Gottglauben erfährt. Gott kann unmöglich etwas mit diesem simplen Handwerker und Muttersöhnchen Jesus und dieser kleinbürgerlichen

Familie zu tun haben. „Mag der noch so gescheit und weise reden. Wir kennen ihn doch!"

Und genau da entscheiden sich Glaube und Unglaube. Nicht so sehr, ob einer ein höheres Wesen annimmt, eine Kraft, die alles hält, ein Geheimnis, von dem alles kommt und von dem es dann letztlich egal ist, ob man es Allah, Oschalam, Gott, Jahwe oder Erstes Prinzip nennt. Nach dem Neuen Testament unterscheidet sich der Glaube bzw. Unglaube an der Menschlichkeit Jesu, an der Frage des Menschen also.

Von Jesus erzählen

Wer von Gott redet, muß von Jesus reden. Gott zur Sprache bringen heißt von Jesus erzählen, die Lebensgeschichte eines Menschen als Geschichte Gottes deuten.

Von Gott reden heißt von der menschlichen Arbeit reden. Jesus war Handwerker, homo faber, ein Arbeiter. Er hatte Schwielen an den Händen, ein verwittertes Gesicht und am Abend die Müdigkeit des Tages in den Gliedern. In Jesus, dem arbeitenden Menschen, ist das Antlitz Gottes zu suchen – nicht über den Wolken und abseits vom Menschen.

Von Gott reden heißt von der Familie reden, von Jakobus, Judas, Josef und Simon, von Brüdern und Schwestern. Die Bibel stellt uns diese Menschen vor als Menschen von Fleisch und Blut, von Zorn und Leidenschaft, von Neid und Streit, von Überheblichkeit und Karrieredenken. Trotz allem und in allem ist Gott da. Nichts und nie-

mand kann Gott hindern, gegenwärtig zu sein. Er
baut nicht eine andere Welt neben der unseren.
An unserer Welt baut er.

Mit anderen Worten: Die Menschlichkeit Jesu
ist kein Hindernis, sondern ein Indiz, ein Finger-
zeig Gottes. In der Menschlichkeit des Menschen dürfen wir die Göttlichkeit Gottes glauben, suchen und finden. Vom Menschen Jesus
und vom Menschen schlechthin ist zu reden und
darin Gott zu glauben. Und von Gott so, daß der
Mensch in seiner Göttlichkeit zu Gesicht
kommt.

In der Arbeit und in der Familie

In der Arbeit sollen wir Gott finden. Sie ist nicht
ein Hindernis des Glaubens. Sprachlich, gedank-
lich und in Tat und Wahrheit sollen wir Gott und
unsere Arbeit zusammenbringen. Von Gott so reden, daß die Arbeit immer mehr ihre Göttlichkeit erkennen läßt. Und von der Arbeit so, daß
Gott darin aufscheint.

In der Geburt des Menschen ist Gott am Werk,
wie immer auch diese geschieht. In den Augen
Gottes ist die Geburt des Menschen eine göttliche Stunde. Von Gott ist so zu reden, daß der
Mensch mehr Mensch wird. Und vom Menschen
so, daß Gott verherrlicht wird.

Die Familie ist – trotz allem – der Horizont, an
dem Gott erscheint. Von Gott ist so zu reden,
daß dadurch die Familie geheiligt wird. Und von
der Familie so, daß Gottes Anwesenheit spürbar
wird.

Arbeit, Geburt, Familie sind drei Bereiche, in denen Gott sich offenbart, drei göttliche Bereiche. Indizien Gottes und Orte des Glaubens, nicht Hindernisse, die man wegschieben müßte.

Das meinen wir, wenn wir bekennen: Gott ist Mensch geworden und hat unter uns gewohnt. Oder: Jesus, der Sohn Mariens, ist der Sohn des lebendigen Gottes.

Ein Kind umarmen

„Aus dem Kinderspital in St. Gallen ist am Freitagabend ein sieben Wochen altes Mädchen entführt worden. Von der jüngeren Frau, die von der Polizei der Tat verdächtigt wird, fehlt bis zur Stunde jede Spur." Man hat den Kopf geschüttelt, als man diese Zeitungsmeldung las, war entsetzt über diese Frau und voll Mitgefühl für die Eltern. Es handelt sich wirklich um eine abscheuliche Tat, die durch nichts zu rechtfertigen ist. Und doch frage ich mich:

Was ging in dieser Frau vor? Was steht hinter dieser Tat? Kommt hier nicht ein menschliches Urbedürfnis zum Ausdruck? Eine Ur-Sehnsucht, die in mir und wohl in jedem ebenso vorhanden ist? Wollte sie nicht ein Kind umarmen – wenigstens an Weihnachten Mutter sein, ein Kind ans Herz drücken? Und hat sie – vorausgesetzt, daß es das war, was sie bestimmt hat – nicht viel mehr von Weihnachten begriffen als die meisten, für die Weihnachten einfach ein stets wiederkehrendes, wenn auch gefühlvolles Fest ist?

Umarme ein Kind – und du wirst Gott
umarmen

Das ist die Botschaft und die Verheißung dieser
Nacht. Umarme dein Kind, umarme das Kind
deines Nachbarn, umarme alle Kinder – und du
wirst wissen, wer Gott ist.

Ich meine, daß das nicht bloß ein Satz ist, sondern eine Wirklichkeit. Wie anders soll ich das
Glück deuten, das über mich kommt, wenn ich
mein Patenkind auf den Schoß nehme und unsinnige Worte sage, die niemand anders versteht als
eben dieses Kind? Wie anders soll ich die Seligkeit beschreiben, die in mir hochkommt, wenn
ich mit meinen kleinen Neffen und Nichten spiele? Wer ein Kind umarmt, weiß unendlich viel
mehr von Gott als der gescheiteste Theologe.

Umarme ein Kind – und du wirst das Reich
Gottes annehmen

Das ist sogar ein Satz, den ich im Evangelium
gefunden habe. „Wer das Reich Gottes nicht so
annimmt wie ein Kind, der wird nicht hineinkommen. Und er nahm die Kinder in seine
Arme; dann legte er ihnen die Hände auf und
segnete sie" (Mk 10, 15 f).

Ich gestehe, daß mich schon lange nichts mehr
so bewegt hat wie dieser Satz. Ich habe ihn immer anders verstanden. Ich muß ein Kind werden, wir sollen so spontan, vertrauensselig, einfach werden wie ein Kind, um das Reich Gottes

annehmen zu können. Und sicher gibt es im Neuen Testament Belege dafür, daß das auch richtig ist. Nur: Der Satz, so wie er hier formuliert ist, kann auch heißen: Umarme ein Kind – und du wirst in das Reich Gottes hineinkommen.

Ich habe dann in der griechischen Bibel nachgeschaut, ob ich das so verstehen darf. Man darf! Wir sollen die Kinder umarmen und so erfahren, daß das Reich Gottes da ist. Und Jesus geht mit dem guten Beispiel voran: Er nahm die Kinder in seine Arme, legte ihnen die Hände auf und segnete sie.

Umarme ein Kind – und du wirst Gott umarmen

Das gilt natürlich in erster Linie vom Kind in Betlehem. Maria und Josef umarmten das Kind – sie haben Gott umarmt. Sie nahmen es in ihre Arme – und haben Gott in die Arme genommen. Sie haben das Kind ans Herz gedrückt – und haben Gott ans Herz gedrückt.

Umarme ein Kind – und du wirst Gott umarmen

Das heißt: Erkennen und spüren, daß Gott bei uns ist; daß wir auf eine wesentliche Weise mit Gott verbunden sind; daß wir nicht mehr ohnmächtig den Bedrohungen dieser Welt ausgesetzt sind, sondern ermächtigt sind zur Liebe. Und die Liebe überwindet alles Bedrohliche.

*Umarme ein Kind – und du wirst Gott
umarmen*

Das bedeutet handgreiflich wissen, daß wir an
der Liebe teilhaben, die alles vermag, die Liebe
kann verzeihen, die Liebe kann aushalten, die
Liebe kann den anderen in einem anderen Licht
sehen, die Liebe kann andere Wege ausfindig
machen als militärische Gewalt, die Liebe kann
teilen mit den Armen, die Liebe kann alles: Sie
kann mitleiden, kann sich einsetzen, kann sterben für das Glück der Menschen.

*Umarme ein Kind – und du wirst Gott
umarmen*

Dieses Programm wäre nicht richtig verstanden,
wenn es nicht ausgeweitet würde.

*Umarme einen Menschen – und du wirst Gott
umarmen*

Denn Gott ist Mensch geworden. Er hat uns alle
umarmt, jeden einzelnen. Denn Gott ist die
Liebe.
Und darum ist die Umarmung die weihnacht-
liche Geste. Umarme deine Frau, deinen Mann
– und du wirst Gott umarmen. Umarme deine
Tochter, deinen Sohn, deinen Vater, deine Mutter – und du wirst wissen, wer Gott ist. Umarme deinen Bruder, deine Schwester, deinen
Freund, deine Freundin – und du wirst erfahren,
daß das Reich Gottes anfängt. Umarme deinen
Nachbarn, umarme den Fremden – ja besonders
den, der in der Herberge, in unserer ach so wohl-
geordneten Schweiz keinen Platz haben darf –,

umarme ihn – und du wirst Gott umarmen. Umarme jeden und alle – dann wirst du nicht nur Gott umarmen, sondern ihn auch nachahmen.

Und genau das ist gemeint, wenn Gott Mensch wird. An Weihnachten werden wir mitgerissen in eine alles umfassende Umarmung. Hier erkennen wir, wozu wir berufen sind.

Leonardo Boff hat einmal geschrieben: „Die höchste Berufung des Menschen verwirklicht sich dort, wo der Mensch den Menschen unendlich übertrifft; dort, wo er Gott wird in Jesus Christus. Die Vergöttlichung ist der Sinn des Menschseins. Jedoch erreicht der Mensch das nicht durch äußerste Anstrengung seines Begehrens und seines Machtwillens, sondern durch die Gnade und das Wirken Gottes, der sich selbst zum Menschen machte" und – so möchte ich hinzufügen – sich umarmen läßt, im Kind in der Krippe, in jedem Kind, in jedem Menschen.

Umarme ein Kind, umarme einen Menschen – und du wirst es begreifen.

IV

Keiner ist ausgeschlossen

Weihnachten für alle

Es ist schön, wenn einer in dieser Heiligen Nacht still werden kann. Und ich wünsche, daß allen alles heilig ist in dieser Weihnacht. Ich mag es jedem Liebes- oder Elternpaar gönnen, daß es Vertrautheit, Vertrauen, Geborgenheit in der eigenen und göttlichen Liebe erlebt und darin auflebt. Für jedes Lächeln bin ich froh, das in der eisigen Kälte der Welt ein wenig Wärme gibt. Zeichen der Rettung wenigstens da und dort. Denn ich kenne viele, denen es überhaupt nicht weihnachtlich zumute ist. Wie kann zum Beispiel meine Mutter dieses Jahr Weihnachten feiern, die nun nach Jahren der Gemeinsamkeit allein ist, weil ihr Mann gestorben ist.

Wie kann die junge Frau glücklich sein, deren Ehe zerbrochen ist und die vor einem Jahr noch die Trautheit mit ihrem Mann erlebt hat?

Wie kann das Mädchen Weihnachten feiern, das gegenüber dem Elternhaus lauter Aufbegehren ist und überall hin möchte, nur nicht nach Hause?

Wie kann ein Vater Weihnachten feiern, wenn er sich Vorwürfe macht, weil ihm sein Sohn davongelaufen ist?

Wie ist heute einem zumute, der krank ist und dessen Hoffnung auf Gesundung geschwunden ist?

Ist für alle diese Menschen nicht auch Weihnachten? Ist Jesus für sie nicht auch der Retter?

Und wo ist die Rettung für jene, die Hunger haben? Die verzweifeln, den Sinn ihres Lebens nicht erleben? Und wo ist der Friede, wenn sich im Süden Afrikas Weiß und Schwarz in den Haaren liegen und einander umbringen?

Licht in der Nacht

Ich glaube, all das gehört in diese Nacht hinein. Sie ist nur deshalb heilig, still und beglückend, weil ein Licht angezündet ist und eine Hoffnung keimen darf. Es ist nicht mehr so sehr Nacht, seit Jesus da ist. Aber es ist immer noch Nacht in dieser Welt. Wir dürfen nicht nur das kleine Licht sehen und die Nacht vergessen, in die hinein das Licht leuchtet.

Weihnachten ist für mich mehr ein Versprechen als eine Wirklichkeit. Weihnachten wird in dem Maße, wie das Licht Christi strahlt. In dem Maße, wie wir uns von seinem Licht erhellen lassen und den Sinn seines Lebens weiterzeugen.

Was ist der Sinn dieses Lebens? Josef Mohr, der Verfasser des Weihnachtsliedes schlechthin, „Stille Nacht", hat mehr davon gewußt, als die bekannten drei Strophen erkennen lassen. Nur: die eigentliche Botschaft des Pfarrers von Oberndorf hat man damals nicht begriffen. Man hat damals zwei Strophen einfach weggelassen und das

Lied verstümmelt weitergegeben. Ich möchte sie hier anführen und ein paar Gedanken daran knüpfen.

Die eine Strophe lautet:

> Stille Nacht, heilige Nacht,
> wo sich heut' alle Macht
> väterlicher Liebe ergoß
> und als Bruder huldvoll umschloß
> Jesus die Völker der Welt,
> Jesus die Völker der Welt.

Mit andern Worten: In dieser Nacht ist nicht nur Jesus geboren. Da ist jeder Mensch noch einmal geboren: als Sohn oder Tochter Gottes. Jedem Menschen ist ein Vater erwachsen, Gott selber, der seine ganze Liebe über jeden Menschen ergießt.

Die Frau, die einer im Stiche gelassen hat, ist Tochter Gottes, und sie soll entsprechend geachtet und geliebt werden.

Der Sohn oder der Vater, der einem so Ärger macht, ist Sohn Gottes, und er soll das auch erfahren.

Die Mutter, deren Mann gestorben ist, ist Tochter Gottes, und sie soll darum nicht allein gelassen werden.

Ich selbst bin Sohn oder Tochter Gottes und soll darum über meine Minderwertigkeitsgefühle und den Ekel vor mir selbst hinauswachsen.

Der Verbrecher im Gefängnis ist Sohn Gottes, selbst wenn der Mensch diese Würde verschüttet hat, und wir haben ihm das zur Erfahrung zu bringen.

Der hungernde Mensch in den Favelas von Rio de Janeiro ist Sohn oder Tochter Gottes, und er soll nicht bis zum Sankt-Nimmerleins-Tag warten müssen, bis er sich so erlebt.

Der entrechtete Schwarze ist ein Sohn Gottes, und er soll zu seinem Recht kommen.

Weihnachten realisiert sich progressiv, in dem Maße wie wir Christen das Versprechen einlösen, das uns in der Geburt Jesu gegeben ist: als Bruder umschloß er die Völker der Welt.

Göttliche Schonung

Die zweite Strophe, die ein unverständiges Jahrhundert vom Lied Josef Mohrs weggestrichen hat, lautet:

> Stille Nacht, heilige Nacht,
> lange schon uns bedacht,
> als der Herr, vom Grimme befreit,
> in der Väter urgrauer Zeit
> aller Welt Schonung verhieß,
> aller Welt Schonung verhieß.

Mit anderen Worten: Schonung ist nicht nur ein Wort, sondern eine göttliche Tat, ein göttliches Versprechen, das wir einlösen müssen:

Er hat die Ehebrecherin geschont, nicht gerichtet.

Er hat die Hure geschont und ihr vergeben.

Er hat den Politverbrecher Zachäus geschont und mit ihm gegessen.

Er hat auch den Terroristen am Kreuz geschont und ihm die Himmelstür geöffnet.

Er hat den davongelaufenen Sohn geschont und ein Festmahl veranstaltet.

Der Mensch soll geschont, nicht überfordert, nicht verurteilt, nicht im Grimm und Zorn bestraft werden. Auch ich selbst soll mich schonen, weil Gott mich schont.

In dem Maße, in dem wir Christen die göttliche Schonung realisieren, die in der Geburt Jesu über die Welt gekommen ist, wird Weihnachten ein Fest für alle, nicht nur für jene, die zufälligerweise glücklich sind.

Der Standpunkt Gottes

Irgendwie verbinden wir mit jeder Geburt so etwas wie Hoffnung. Doch mit der Geburt dieses Kindes ist die Hoffnung der ganzen Welt verbunden. Dieses Kind ist, wie schon die Lesung aus dem Buch Jesaja „Das Volk, das im Dunkel lebt, sieht ein helles Licht" antönt, ein großes Licht im Dunkel der Welt, ein Stern in der Finsternis der Völker, eine Fackel in unserer abgrundtiefen Nacht. So sind wir also eingeladen, nicht nur darüber nachzudenken, was wir von diesem Kinde halten, sondern auch wie wir die Zukunft der Welt sehen.

Die Zukunft der Welt? Rosig sieht sie nicht gerade aus angesichts der steigenden Arbeitslosenzahlen, angesichts der drohenden Fabrikschließungen, angesichts des angehäuften Waffenpotentials, angesichts der zunehmenden Verarmung ganzer Völker, angesichts von ... Ich könnte noch lange fortfahren, um nur immer die Hoffnungslosigkeit der heutigen Menschen zur Sprache zu bringen. Doch Religion ist nicht dazu da, die Hoffnungslosigkeit der Welt zu verdoppeln, im Gegenteil!

Die Zukunft unserer Welt

Was also hat das Kind von Betlehem mit der Zukunft unserer Welt zu tun? Das ist die Frage, die wir uns stellen sollen.

Ich sehe diese Zukunft in der Tatsache aufbrechen, daß Gott selbst in die Geschichte eintritt und hier in dieser Welt einen eindeutigen Standpunkt vertritt. Dieser Standpunkt ist so radikal neu, daß er eigentlich alles über den Haufen werfen müßte: unser Denken, unser Mitgefühl, unsere Sprache, unser soziales und politisches Verhalten.

Franz von Assisi hat das heutige Evangelium in einer eigenen Betrachtung wie folgt zusammengefaßt: „Ein heiligstes und allerliebstes Kind ist uns gegeben. Unterwegs für uns geboren und in die Krippe gelegt. Denn es war kein Platz in der Herberge."

Unterwegs für uns geboren! Haben wir es wirklich begriffen, was hier geschehen ist: eine improvisierte Geburt – und das für den Sohn Gottes; sozusagen am Straßenrand kommt Jesus zur Welt.

In die Krippe gelegt! Haben wir es wirklich begriffen, was hier geschehen ist: eine so gar nicht menschliche Geburt – und das für den Sohn Gottes; sozusagen im Futtertrog, unter animalischen Bedingungen kommt Jesus zur Welt. Weil in der Herberge kein Platz war! Haben wir es wirklich begriffen, was hier geschehen ist: eine in der Welt ganz und gar nicht willkommene Geburt –, und das für den Sohn Gottes; sozusagen außerhalb aller gesellschaftlich akzeptierten Normen kommt Jesus zur Welt.

Unterwegs geboren – in den Futtertrog gelegt – kein Platz! Das ist der Standpunkt Gottes, der alles auf den Kopf stellt.

Gott steht auf der Seite derer, die unterwegs sind, die nirgendwo zu Hause sind, entwurzelt, verbannt, auf die Straßen der Welt geschickt. Gott steht auf ihrer Seite, ist einer von ihnen geworden.

Gott steht auf der Seite derer, die in menschenunwürdigen Verhältnissen leben, in Armut und Elend, in Hunger und Not. Gott steht auf ihrer Seite, ist einer von ihnen geworden.

Gott steht auf der Seite derer, für die man keinen Platz hat: die Alten, die Ungeborenen, die Verachteten, Geopferten, Verstoßenen. Gott ist auf ihrer Seite, ist einer von ihnen geworden.

Das ist der Standpunkt des lebendigen Gottes. Diesen Standpunkt wird Jesus auch in seinem so kurzen Leben vertreten: Er steht auf der Seite des Kindes, der Frau, des niederen Volkes, der Mundtotgemachten und Kleingehaltenen, der als Säufer und Fresser Verschrienen, der Sünder und Zöllner, der Dirnen, der Blinden und Lahmen, der seelisch und körperlich Leidenden, der Verängstigten und Verzweifelten. Und weil er diesen göttlichen Standpunkt konsequent vertritt, werden ihn die Mächtigen der Welt an den Schandpfahl hängen und werden nur bestätigen, daß Gott nicht auf ihrer Seite steht, sondern auf der Seite der von ihnen Geopferten und Ermordeten.

Neue Maßstäbe

Mit dieser Geburt fängt im Grunde die menschliche Geschichte erst recht an. Es ist etwas Revolutionäres in die Welt eingebrochen. Maria hat es in ihrem Magnifikat besungen: Gott stürzt die Mächtigen vom Thron und erhöht die Niedrigen. Die Hungrigen beschenkt er mit seinen Gütern und läßt die Reichen leer ausgehen.

Da sind doch andere Maßstäbe gesetzt, andere Wertvorstellungen in den Vordergrund gerückt. Wenn alle, die sich auf Gott berufen, auch diesen revolutionären Standpunkt Gottes vertreten würden, das Antlitz der Erde würde radikal anders aussehen.

Dann müßte keine Frau am Straßenrand mehr niederkommen, kein Kind mehr in den Futtertrog gelegt werden, kein Jugendlicher mehr in den Telefonkabinen übernachten, kein Obdachloser mehr unter den Brücken hausen, keine Eltern mehr vor Weihnachten die Kündigung entgegennehmen, weil die Kinder in der Nacht schreien. Keine Frau würde mehr zur Ware gemacht werden können, keine älter gewordenen Eltern würden über Weihnachten ins Krankenhaus zur sogenannten Untersuchung abgeschoben, weil man es an Weihnachten doch bequem haben möchte.

Ja, es würde alles anders werden, wenn wir Christen den Standpunkt begriffen, den Christus in seiner Geburt eingenommen hat.

Unterwegs – im Futtertrog – kein Platz. Es darf niemand mehr unterwegs liegenbleiben – Gott wäre darunter. Es darf niemand mehr in animalische Verhältnisse geraten – Gott wäre darunter. Es muß für alle Platz geben, wenn wir für Gott Platz machen wollen.

Ich überlasse es den Ungläubigen, das als Utopie zu bezeichnen. Ich halte es für die Hoffnung der Welt, für ein großes Licht im Dunkel der Welt, für einen Stern in der Finsternis der Völker, für eine flammende Fackel in der abgrundtiefen Nacht.

Das ist der Tag, den der Herr gemacht. Erfüllen wir ihn mit Friede und Jubel.

Kind und Krippe

Mit Weihnacht, Heiliger Nacht verbinden wir seit jeher: Stille, Atmosphäre, Kerzenlicht, Heiligkeit. Viele beginnen zu zweifeln, ob das in unseren Tagen noch trägt, ob wir noch Grund zu Freude und Hoffnung haben. Die Wirklichkeit, in der wir leben, sei eine ganz andere als die, von der das Evangelium spricht. Wirklich?

Damals wie heute

Nacht bleibt Nacht. Damals wie heute.

Wenn wir tiefer in die Geschichte dieser Nacht eindringen, wird uns plötzlich deutlich, daß auch in ihr von dem die Rede ist, worunter wir heute leiden.

Da ist Kaiser Augustus, die römische Besatzungsmacht in Israel. Sie stehen da für alles, was über den Menschen bestimmt und den Menschen zum Sklaven und Objekt macht; der Computer und der Bürokratismus zum Beispiel: Da ist also jemand, der befiehlt, herumkommandiert; keine Rücksicht nimmt, ob jemand schwanger ist, krank, alt, schwach.

Da ist jemand, der einen nicht zur Ruhe kommen läßt, der keinen Sinn hat für die richtige Zeit und den richtigen Ort, der von einem Dinge abverlangt, die man unmöglich erfüllen kann, und dem es gleichgültig ist, ob man dabei stirbt, krank wird oder seelisch zugrunde geht.

Da ist jemand, der einem keine Freiheit und keinen Spielraum gibt, der keine Kritik und keinen Widerspruch duldet.

Jemand, der alles genau wissen will, woher man kommt, wohin man geht, was man tut, spricht, denkt, mit wem man zusammenlebt, der alles genau aufschreibt, um es bei Gelegenheit wieder zu verwenden.

Da ist jemand, der einem das Geld aus der Tasche saugt, der die Hand auf alles legt, was einem gehört, dem es gleichgültig ist, wie und wie gut man lebt. Jemand, der über Atombombe und Krieg verfügt. Jemand, vor dem man Angst haben muß.

Und dann ist hier eine Stadt, eine Gesellschaft, die keinen Platz hat, keine Herberge für die Familie, für Mutter und Kind, keinen Raum zum Leben, zum Spielen, keinen Ort für das Gefühl, keine Zeit für die Liebe und die Zärtlichkeit. Eine Gesellschaft, die materielle Werte höher einschätzt als seelisch-geistige, Prestige und Geltung höher als Liebe und Hingabe, Geld und wirtschaftlichen Fortschritt höher als Aufmerksamkeit und Sensibilität für die vielfältige Not der Menschen.

Da ist eine Stadt, die hinauswirft, die Türen zuschlägt, eine Gesellschaft, vor der man Angst haben muß.

Und nun knüpft sich die Hoffnung des Christen an das Kind und an die Krippe.

Gott wird gerade in dieser geschilderten Situation initiativ. Genau da setzt er seinen Hebel an. Er wird aktiv in dieser Geschichte der Diktatoren gegen die Freiheit, der Mächtigen gegen die Kleinen, in dieser Geschichte der Aussperrungen. Er identifiziert sich mit Mutter und Kind, mit Krippe und Stall, mit allen, die nichts zu sagen haben. Er wird ein Kind und liegt in der Krippe.

Wenn ihr nicht werdet wie ein Kind

Gott tut das, was Jesus später lehrt: Wenn ihr nicht werdet wie ein Kind, könnt ihr nicht in das Himmelreich eingehen.

Gott wird ein Kind. Er ist auf der Seite der Kleinen, der Verstoßenen und Verachteten, der Partner der Armen und Ausgesperrten, der Manipulierten und Verfolgten, der Leidenden und der Sterbenden. Er liegt in der Krippe.

Er ist aber auch auf der Seite des Lebens, der Liebe, der Zärtlichkeit, des Gefühls.

Gott ist ein Kind. Er verlangt, daß wir Zeit für das Kind haben, daß wir bei ihm bleiben, daß wir ihm Raum geben, daß wir das Leben fördern, es wachsen und sich ausdrücken lassen. Hier ist abzulesen, was der Mensch wirklich braucht. Gott ist in der Krippe: selbst ein Ausgelieferter. Er ruft, daß wir auf seiner Seite stehen.

Wenn ihr nicht werdet wie das Kind, dann werdet ihr nicht in das Himmelreich eingehen. Mit andern Worten: Wenn wir die Bewegung Gottes nicht mitmachen, wenn wir uns nicht auf die Seite des Kindes und der Krippe schlagen, dann ist diese Nacht auch nicht heilig, sondern unheilig. Weil wir dann nichts verstanden hätten. Wenn wir aber diese Bewegung Gottes zum Kind und zur Krippe mitmachen, dann geschieht das zur Ehre Gottes und gereicht es zum Frieden unter den Menschen.

Das ist nun auch die große Hoffnung dieser Nacht: daß Versöhnung und Friede wird unter den Menschen, in dem Maße, in dem wir Kinder werden und in der Krippe liegen.

In dem Maße, wie wir Kinder werden, weil wir nur dann die Werte von Liebe, Geborgenheit, Zärtlichkeit, Zeithaben, von wahrer Menschlichkeit schätzen und fördern können. In dem Maße, in dem wir uns die Krippe zu eigen machen: Weil wir nur dann wirklich solidarisch sind mit allen, für die kein Platz mehr ist in unserer Gesellschaft: für die Alten, Einsamen, für die Jugendlichen, die Invaliden, die Flüchtlinge, Erdbebengeschädigten, die Ausländer.

Das Kind und die Krippe – das ist die einzige Hoffnung der Welt.

Das Kind und die Krippe – das ist die einzige Voraussetzung für Frieden, Gerechtigkeit und Versöhnung.

Ochs und Esel

Auf den Grußkarten, die wir uns zu Weihnachten schicken, finden sich viele Krippendarstellungen: Hirten, Könige, Engel, Schafe, anbetende Menschen, in deren Mitte die staunenden Maria und Josef und eben das Kind, um das sich alles dreht.

Die Tiere im Mittelpunkt

Ich bin diesen Bildern ein wenig nachgegangen und habe dabei eine sehr wichtige Entdeckung gemacht: In der Mitte der ersten Weihnachtsbilder, so ungefähr im 4. Jahrhundert, stellt man das Jesuskind dar, und merkwürdigerweise nicht mit Maria und Josef, sondern mit Ochs und Esel. Was uns also wesentlich ist: die Eltern und ihre Beziehung zum Neugeborenen, wird völlig außer acht gelassen. Dafür steht etwas in der Mitte,

89

was wir als bloße Dekoration ansehen: Ochs und
Esel. Sie scheinen wichtiger gewesen zu sein als
Maria und Josef ...
Wie sollen wir das deuten?
Zunächst gibt uns die Herkunft dieser beiden
Tiere eine Antwort, denn sie stammen aus dem
Alten Testament. Dort heißt es beim Propheten
Jesaja:

> Söhne zog ich heran und erhöhte ich.
> Sie aber lehnten sich gegen mich auf.
> Seinen Eigentümer erkennt ein Stier,
> ein Esel die Krippe seines Herrn.
> Israel aber hat keine Erkenntnis,
> mein Volk aber hat keinen Verstand.

Für Menschen, die wie die frühen Christen ganz
aus der Heiligen Schrift lebten, war damit klar:
Hier ist der Herr, der Gott Israels – wenn auch
als Kind in der Krippe, verborgen – erschienen,
der Herr Himmels und der Erde, der die Geschichte lenkt und die Menschen führt. Menschen erkennen ihn zwar nicht, sie werden ihn
vielleicht sogar mißachten und kreuzigen. Trotzdem ist die Geschichte dieses Menschen die Geschichte des Herrn und das Kind Gottes Sohn.
Und sieht man dann die Darstellungen näher an,
entdeckt man, wie die Künstler alle Zärtlichkeit
in die Augen der Tiere gelegt haben, in die Nei-
gung ihres Kopfes, in das Lecken ihrer Zunge. Ja,
Tiere wissen, zu wem sie gehören, wer sie liebt,
wo sie daheim sind und geborgen. Und wir Menschen?

Heilsgeschichtliche Bedeutung

Die Kirchenväter haben sich dann mit dieser Aussage nicht begnügt. Sie gaben den Tieren eine symbolische Bedeutung. Der Ochse, der unter dem Joch gehen muß, stellte für sie das jüdische Volk dar, das unter dem Joch des Gesetzes lebte. Und der Esel stellte die Heiden dar, die unter der Last der Sünde schmachteten.

Mit andern Worten: was da im Stall geschah, hat Bedeutung für jedermann: ob Jude oder Heide, ob Gläubiger oder Ungläubiger, ob weiß, schwarz, gelb oder rot. Der Blick auf das Kind von Betlehem ist gleichzeitig ein Blick auf die ganze Menschheit und auf das Universum. Alles soll versöhnt und in Frieden sich um dieses Kind scharen. Auf jeden Fall muß alles und jeder Mensch in diesen weihnachtlichen Kontext gebracht werden. Schon wieder eine Provokation!

Ich darf da nie allein beim Kind erscheinen, ich muß immer meinen Bruder mitbringen, den nahen und den fernen, den Gleichgesinnten wie den Andersdenkenden, den Christen wie den Nichtchristen.

Eine spätere Zeit hat dann der Darstellung eine sakramentale Bedeutung gegeben. Die Tiere blikken nicht mehr bloß zärtlich auf das Kind. Sie neigen nicht mehr nur ihre Köpfe. Sie lecken auch nicht mehr bloß am Kind herum. Nein, sie fressen das Heu oder die Windel. Das sind nicht einfach gute, ein wenig humorvolle Einfälle. Nein, damit wird auf eine Möglichkeit hingewiesen, wie man an der Geburt des Kindes in Betle-

hem teilhaben kann, nämlich: indem man ißt –
und zwar – das war für die Betrachter dieser Bil-
der klar –, indem man das eucharistische Brot
ißt, indem man also mit allen andern Christen
zusammen das Brot teilt und kommuniziert.

Auch das ist eine Provokation: Betlehem ist
dann nicht ein lange zurückliegendes Geschehen, sondern lauter Gegenwart, wenn die Christen am Tisch des Herrn erscheinen und so das
Leben empfangen, das über den Tod hinaus-
reicht.

So hat jedes Ding im Weihnachtsbild seine Bedeutung. Wir sollten wieder die Sprache der Bil-
der lesen lernen. Dann verstünden wir wieder
mehr und tiefer. Das können uns Ochs und Esel
zeigen. Sie wollen uns provozieren, daß wir das
Kind als unsern Herrn anerkennen, daß wir unsern Blick auf die Welt hin weiten und daß wir
miteinander das Brot teilen, das Jesus Christus
ist.

So ist uns Weihnachten Gegenwart und Leben.

V

Weihnachten beten

Wie der heilige Franz
an der Krippe
knien
und nur noch eines
sehen
das Kind und das Leben

Wie Ochs und Esel
an der Krippe
stehen
und nur noch eines
fühlen
das Kind und das Leben

Wie die heilige Maria
an der Krippe
liegen
und nur noch eines
gebären
das Kind und das Leben

Wie der heilige Josef
an der Krippe
sitzen
und nur noch von einem
träumen
vom Kind und vom Leben

Ich wünsche
    und will
        ich wünsche fest
            und fordere
                ich bete
                    und flehe
daß Du
    Du
      Du
          siehst
              das Wunder der Nacht
              das Licht im Dunkeln
          greifst
              die Kraft in der Ohnmacht
              den Sinn im Leben
          erfährst
              die Liebe, die uns trägt
              die Nähe, die umarmt

Ich wünsche
    und will
        ich wünsche fest
           und fordere
               ich bete
                  und flehe

daß ich
        ich
           ich
              Dir
                 Dir
                    Dir
              ansichtig mache
                  das Wunder der Nacht
                  das Licht im Dunkeln
              Dich greifen lasse
                  die Kraft in der Ohnmacht
                  den Sinn im Leben
              Dir zur Erfahrung bringe
                  die Liebe, die uns trägt
                  die Nähe, die umarmt

Ich glaube
> daß Gott Beziehung ist
>> und Beziehung schafft

Ich glaube
> daß er es ist
>> der uns aus der Isolation herausruft
> daß er das Band ist
>> zwischen Vater und Tochter
>> zwischen Mutter und Sohn
>> zwischen Frau und Mann

Ich glaube
> daß Gott der Dritte ist
>> wenn zwei zusammenkommen und
>> beieinander sind
>> wenn Ost und West sich in die Arme
>> fallen
>> wenn Nord und Süd miteinander teilen

Ich glaube
> daß Gott die Brücke ist
>> zwischen den Menschen
>> zwischen den Völkern
>> zwischen Himmel und Erde

Ich glaube
> daß Gott Beziehung ist
>> und Beziehung schafft